xueer

学而书坊 —— 学而时习之 不亦说乎

Teaching for Successful Intelligence:
To Increase Student Learning and Achievement
(2nd ed.)

Robert J. Sternberg & Elena L. Grigorenko

成功智力教学
提高学生学习效能与成绩（第二版）

［美］罗伯特·J.斯腾伯格
［美］埃琳娜·L.格里戈连科 著

丁旭 盛群力 译

宁波出版社

浙江大学重大基础理论研究专项课题"面向意义学习的现代教学设计模式研究"成果之一

罗伯特·J. 斯腾伯格
（Robert J. Sternberg）

斯腾伯格是当代国际著名心理学家和心理测量专家，现任康奈尔大学人类生态学学院人类发展学教授。曾担任怀俄明大学校长、俄克拉荷马州立大学教务长、塔夫茨大学艺术与科学学院院长、耶鲁大学心理学与教育学 IBM 教授等，还曾担任美国心理学会主席、教育心理学分会主席和东方心理学会主席。曾获得"教育心理学桑代克职业成就奖"等 20 余项奖励，是包括《美国心理学家》杂志在内的众多期刊编辑委员会成员。

斯腾伯格从耶鲁大学获得学士学位，从斯坦福大学获得博士学位。另外，他还拥有 11 个国家的 13 个荣誉博士学位。斯腾伯格在心理学研究上的卓越贡献包括提出了三元智力理论和成功智力理论、天才和智慧理论、思维风格理论和创造力投资理论等，发表学术论文和专著 1600 篇（本）以上。（http://www.robertjsternberg.com/）

埃琳娜·L. 格里戈连科
（Elena L. Grigorenko）

格里戈连科于 1990 年获莫斯科大学普通心理学博士学位，1996 年获耶鲁大学发展心理学和遗传学博士学位。目前她是休斯敦大学心理系教授。至今已发表了 450 多篇（本）学术论文、图书章节及专著。曾获多项专业嘉奖，研究项目曾获得各种官方和组织的资助。其同时还致力于全球儿童研究。（elena.grigorenko@times.uh.edu）

盛群力

浙江大学教育学院课程与学习科学系教授,博士生导师,主要学术旨趣和专长为教学理论与设计。主持/主讲国家精品课程和国家精品资源共享课《教学理论与设计》,代表性著作为《个性优化教育的探索》(人民教育出版社,1996)、《现代教学设计论》(浙江教育出版社,1998,2010;台湾五南图书出版公司,2003)和《教学设计》(高等教育出版社,2005),主持翻译了《首要教学原理》(福建教育出版社,2016),发表撰/译文100余篇,出版教学设计著作和译著20余本,曾获全国优秀教师"宝钢奖"(2001)。

丁 旭

浙江大学教育学院教育博士,浙江大学宁波理工学院教师,曾主持浙江省教育科学规划研究课题"高校英语课堂IRF模式的行动研究"、浙江省社科联研究课题"词汇附带习得与媒体英语阅读教学研究"、浙江省教育厅一般科研项目"高校英语教师信息技术自我效能研究",公开发表著译文多篇,编著《巧学英语看你的——直击英语语法重点难点》,合作出版译著《应用学习科学——心理学大师给教师的建议》。

中文版序言

当埃琳娜·格里戈连科和我一起撰写《成功智力教学》时，我们注意到学校往往忽视了一个重要的事实：如果你看那些对世界有所建树的人，就会发现，在任何层面，他们都不曾是学业成绩最好的学生，也算不上传统意义上的"好学生"。但实际上他们不仅具备了取得好成绩应有的重要技能——记忆性技能（起主要作用）和分析性技能（起到一定作用），还具备另外两项重要技能——创造性技能和实践性技能。在快速变化的世界中，学生需要创造性技能才能产生新颖的、引人注目的点子；拥有分析性技能才能评估自己（或别人）的想法是不是个好想法；具有实践性技能才能实现这些想法，并向他人展示这些想法的价值所在。

如果今天世界的情况与我们刚刚写这本书时有所不同，那就是创造性技能和实践性技能已经比以往任何时候都更为重要。中国在许多方面已经成为世界的引领者，正努力在更多的方面成为世界的主导力量。但是，无论在什么层面上，为国家提供这种领导力的人远远不只是传统概念上的好学生，他们是具有创造性技能，能够产生重要想法的人；是具有实践性技能,能够将想法变成现实的人。本书想告诉读者的不仅仅是如何培养全面发展的、优秀的学生,也想告诉每一位读者如何将学生培养成为有真才实学的公民。他们就是明天的领导者,他们会使自己的国家和世界变得更加美好。

罗伯特·J. 斯腾伯格

2017 年 4 月 6 日

目录 | Contents

Teaching for Successful Intelligence:
To Increase Student Learning
and Achievement

中文版序言 001

导　论 001

第一编　理解成功智力

第一章　什么是成功智力 007
第二章　成功智力理论之考察 019
第三章　生活与学校学习中的成功智力 033

第二编　培育成功智力

第四章　为分析性智力而教 047
　　第 1 课：确定问题 049
　　第 2 课：配置资源 053
　　第 3 课：表征和组织信息 057
　　第 4 课：提出问题解决的策略 060
　　第 5 课：监控问题解决的策略 063

第6课：评估解决方案 ... 066
　　第7课：分析性思维的补充建议 ... 069
第五章　为创造性智力而教 ... 073
　　第8课：重新界定问题 ... 078
　　第9课：对假设提出质疑和分析 ... 081
　　第10课：善于向别人兜售创意 ... 084
　　第11课：萌发创意 ... 087
　　第12课：不落俗套，跳出框框看问题 ... 090
　　第13课：确定并克服障碍 ... 093
　　第14课：承担合理的风险 ... 096
　　第15课：容忍模糊性 ... 099
　　第16课：建立自我效能感 ... 101
　　第17课：发现真正的兴趣所在 ... 104
　　第18课：延迟满足 ... 107
　　第19课：为发挥创造力提供各种示范与便利 ... 110
　　第20课：创造性思维的补充提示 ... 115
第六章　为实践性智力而教 ... 119
　　第21课：保持高昂动机 ... 121
　　第22课：控制冲动 ... 124
　　第23课：有毅力但不固执 ... 127
　　第24课：适当的事情采用适当的办法 ... 130
　　第25课：将计划付诸实施 ... 133
　　第26课：具有产品或者结果的意识 ... 136
　　第27课：有始有终 ... 139
　　第28课：做出承诺 ... 142

第29课：承担风险 ... 144

第30课：做事不拖延 ... 148

第31课：分清责任 ... 151

第32课：不过度自怨自艾 ... 154

第33课：自强自立 ... 157

第34课：善于应对个人困难 ... 160

第35课：专心致志 ... 163

第36课：做事合理安排 ... 166

第37课：勿忘大局 ... 169

第38课：平衡三种智力品质 ... 172

第39课：增强自信 ... 175

第40课：实践性思维的补充提示 ... 178

第三编　开发成功智力单元教学

第七章　三元教学与评估的框架 ... 185

第八章　融会贯通：成功智力教学的课堂实例 ... 217

附　录：各年级成功智力训练 ... 235

参考文献 ... 239

索　引 ... 249

译后记 ... 269

导 论 | Introduction

Teaching for Successful Intelligence:
To Increase Student Learning
and Achievement

为什么要教成功智力

在人的一生中,为了取得成功,人们需要掌握事业所必需的所有技能。然而许多教育计划的目标似乎只在于培养学习者智力的一个方面——分析性智力,却很少甚至没有注意到人生的成功恰恰在于另外两个重要的方面——创造性智力和实践性智力。斯腾伯格(1997,1999)将分析性、创造性与实践性的思维能力三者结合起来,定义为成功智力,同时指出成功人士之所以能取得成功,在于他们都运用了这三种能力。仅仅在某一种思维能力上的杰出,并不足以保证人生获得成功。

本书面向教师提供了实践斯腾伯格成功智力理论的一系列课例。这些课例运用了大量已经加以验证及行之有效的技术,以促进分析性、创造性、实践性三种能力的发展(Sternberg, Torff, & Grigorenko, 1998a, 1998b)。本书与众不同的特色表现在两个方面:第一,十分严格地以人类智力的一个特定理论——成功智力理论为基础;第二,这一理论已被严格的实证研究证明,其效果显著优于其他的教学方式(Sternberg, Grigorenko, Ferrari, & Clinkenbeard, 1999; Sternberg, Grigorenko, & Jarvin, 2001)。比如,成功智力教学要比传统的强调记忆和批判思维的教学方法效果好很多。研究证明，即使教师的唯一教学目标是提高学生对事实性知识的回忆能力，如果他们运用了本书中的技术，也会比直接教学生回忆效果更好（Grigorenko, Jarvin, & Sternberg, 2002; Sternberg, 2002）。如果一个教师的目标是提高学生的分析能力、创造能力和实践能力，那就和这本书所要实现的目标相吻合了。本书中所提供的教学方式能使学生以更适合自己的途径开展学习，因此也更加能够激发学生的学习动机。

本书写给谁看

本书为教师而写，适合从幼儿园到高三年级的教师，也适合于大学教师，无论是想改善自己的教学还是想提升自己的评估技能，都可以在本书中找到相应的方法。本书不仅讨论教学的基本理论，以帮助教师真正理解如何改进教学，还细致地向教师讲解具体的教学和评估技术，以确保将理论运用到课堂实践之中。本书还提供了大量的课堂实例来说明如何使用这些教学和评估技术。

本书在设计时着眼于应用。它不仅仅是一本参考书，也是一本关于如何在课堂运用这些具体技术的入门书。正因为如此，本书既可以激励读者积极主动地利用本书，又可以帮助读者依书而作。只要教师行动起来，积极地运用本书的材料，就会从中取得最大的收获。

本书如何编排

《成功智力教学》分为三部分。第一编介绍成功智力的理论和主要的研究证据。其中，第一章解释成功智力的含义，第二章介绍这一理论的实证研究，第三章分析为什么在当今美国的教育系统中开展成功智力教学既重要却又那么困难。

  第二编集中阐述成功智力的三种能力——分析性智力、创造性智力和实践性智力，并讨论教师怎样在课堂教学中培养这三种技能。这三种技能分别在三个章节中以授课的形式呈现。第四章介绍分析性智力，这种能力以解决问题和决策技能为核心。这一章包括 7 课，帮助学生在解决问题的步骤中，培养其分析性思维技能。第五章以投资的观点做类比来介绍创造性智力，共 13 课，以帮助学生从解决问题走向创造新思想。第六章讨论实践性智力，这种能力大多与常识的运用有关，但很多人仍然缺乏对常识的应用，因此学习这一章将获益匪浅。这一章共 20 课，每一课都以一个面对的障碍出发，通过讨论，向教师提供一种技术或教学方法，以帮助学生规避错误、消除障碍与迎接挑战。这三章还针对每节课的主题对各门学科应用提出了具体建议，同时也指明这些建议的活动所适合的年级，之后布置一个小活动，让读者有机会去思考怎样运用这一课学到的技术来改进自己的课堂教学实践。

  第三编着重讨论教师在教学中如何设计和运用教学单元，以促进学生在课堂学习中掌握三种思维技能。第七章主要介绍教师如何开展三元教学与评估，即成功智力教学的单元设计，运用实例并详细地说明每一个步骤怎样去做。第八章向读者呈现了运用成功智力教学的一个实际课堂教学单元，并进行拓展及阐释。通过应用成功智力教学有效课堂的范例，使读者在阅读本书时能做到由分到总——"既见树木，又见森林"。

| 第一编 |

理解成功智力

在本书的开篇,我们对成功智力理论提出论证和研究,对假设学生和教师培养分析性、创造性和实践性思维能力就能获得成功的推理进行思考及分析论证。由于美国现行的教育体系无法经常对成功智力能力和评估提供支持和帮助,我们希望在开始的几章里,为其在从小学到大学的各级课堂教学中有效地、成功地实施,做好实践性的基础。第一章明确成功智力的概念;第二章为成功智力理论提供支持;第三章介绍了成功智力各个成分的整合,并对成功智力在各个年级、各种不同的学习环境中的应用情况加以分析说明。

第一章

什么是成功智力
What Is Successful Intelligence?

灰熊的午餐

两个男孩在森林里走着。他们俩很不一样。第一个男孩的老师都认为他很聪明,他的父母也这样认为,于是他也觉得确实如此——自己的确很聪明。这个男孩的能力测验以及学科考试成绩都很出色,还有许多可圈可点的奖励证书,所有这一切都使他在学业领域中出类拔萃。

没几个人认为第二个男孩聪明。他的测验成绩一般,学习成绩平平,也没有什么令人刮目相看的证书,一切都显示他普普通通,仅仅有那么一点儿小机灵或是精明劲儿。

正当两个男孩在森林中行进的时候,他们遭遇了一个大麻烦:一头巨大、凶猛、饥饿的灰熊向他们迎面扑来。那个学优生立刻算出在 17.3 秒内灰熊就会追上他们。考虑到他当时承受的恐惧和巨大压力,这是一种了不起的技能。这个男孩不仅知道"距离=速度×时间"的公式,还能在这么危急的情况下运用公式算出得数。而那个平庸生可能直到灰熊扑上来也算不出秒数来,而且他也不可能去算。

然而正当学优生大惊失色之余,他看到平庸生竟然蹲在地上,脱下旅行靴,换上跑鞋。他对平庸生说:"难道你疯了,我们怎么跑得过灰熊呢?"

那个平庸生却答道:"没错,但我能做的就是比你跑得快。"

结果学优生成了灰熊的午餐,而平庸生安全地逃过了一劫。关于这个故事还有续篇,请在本章的结尾处寻找平庸生后来发生的故事。

什么是成功智力

这个虚构的小故事解释了成功智力的概念,也表达了它与传统智力的差别。

成功智力是指在生活中取得成功所需要的一组综合能力。无论一个人所处的社会文化背景如何,无论不同社会文化背景的人如何定义成功智力,只要具有成功智力的人能够认识到自己的优势,他(她)就会充分地发挥优势;与此同时,他(她)也能够认识到自己的弱点并努力加以克服或弥补。具有成功智力的人会通过平衡地使用分析性智力、创造性智力和实践性智力来适应、改造和选择环境。成功智力的主要因素见表1.1。

表1.1 成功智力的描述
1. 不管每个人如何定义,成功智力是个人获得成功所必需的一组综合能力。
2. 成功需要依据社会文化情境来做出界定。成功不是发生在抽象意义中的,而是和个人或他人对成功所持有的标准和期望密切相关的。
3. 成功智力是能认识到并充分发挥自身优势的能力。每一个人都有自己的长处。
4. 成功智力是能认识到并弥补或纠正自身劣势的能力。没有一个人是无所不能的。

（接上页）

> 5. 成功智力是能适应、改造和选择环境的能力，表现为每个人通过调整自己的思维和行为，更好地适应他（她）所处的环境的能力，或选择一个新环境的能力。

开始讲的灰熊和两个男孩的故事，可用来进一步检验上述对"成功智力"这一很长的描述。很显然，第一个男孩具有传统意义上的智力，而第二个男孩具备成功智力。

一组综合能力

不管如何界定成功，获得个人生活中的成功所必需的一组综合能力就是成功智力。从传统意义上讲，智力总是根据某种成功来定义的。从历史上来看，成功首先来自学业。灰熊的故事告诉我们，一个人在学校里具有取得成功的能力，在生活中却没有取得成功的能力，这种情况可能并不少见。故事中的第一个男孩死了。因此，如果成功的一个基本标准是生存，那么，第一个男孩没有成功，而第二个男孩成功了。

然而对成功的界定并不是唯一的。第一个男孩可能更加看重学业成就，这种情境中，在他短暂的生命里也算是成功了。如果第二个男孩也看重学业成就，那么他就算不上成功，因为在学校里他并没有取得很突出的成绩。但是，和很多学生一样，也许学业上的成功根本没有多大意义。他的精明劲儿却使他挺过了生命里极为重要的挑战，正如许多人靠的就是一点儿精明劲儿，在生活中获得了自己想要的一切。

灰熊的故事明显是杜撰的，但智力和实践能力之间的差别，在大千世界中却随处可见。有一个管理者说过，"A 等学生注定要被 B 等或 C 等学生来管理",这也是这种差别的一个缩影。我认为自己也是 C 等学生,因为我在大学时的《心理学导论》课程成绩是 C。然而,如今我却在曾经获得 C 的领域中成就了自己的事业。

还有一个例子:几年前某所大学的一个系迎来了一个新主任,所有的人都为之振奋,因为这位新主任自己的事业极为辉煌,曾是世界知名的管理学专家——正好他的任务就是管理好他所在的这个系。不幸的是,他是一个很糟糕的管理者。虽然在学术上他是出类拔萃的管理学专家,但他并不是一个专业管理者。他无法实践自己的管理学学术思想。当大家得知他在另一个地方获得了一个职位时,都松了一口气,甚至有些兴高采烈。

然而,学术智力也不是必然与成功负相关。一个很好的例子就是玛丽莲·沃斯·莎凡特(Marilyn vos Savant)。她幼年时因为接受智力测试,智商超常,创下新的吉尼斯世界纪录。近年来,她写了很多专著,有的非常有名,有的也很普通。除了这些专著,她还为一家知名杂志写专栏,结果都没有表现出人们所期望的和她的 IQ 成绩一样出类拔萃。然而,她在营销自己的高智商方面却是极其成功的,她的成功之处就在于把高 IQ 转化为个人优势。

社会文化情境

成功只能依据社会文化情境来定义。成功并不是抽象的,它是和个人或他人对成功所持有的标准和期望密切相关的。灰熊的故事是想说明对个人生活非常重要的情境与学业情境十分不同。

灰熊的故事说明了情境在人的生活中是非常重要的,而此情境和学校里学业上的情境却又截然不同。第一个男孩在学校里可能会比第二个男孩更加成功,但是在现实世界中当他遇到灰熊时,却无法生存下来。

第一编
理解成功智力

灰熊的故事也说明了成功智力在一定程度上只会发生在一定范围的情境中。如果这两个男孩不是走在灰熊出没的地方,他们的生活结局可能就会完全不同。在有的情境下,知道什么时候逃跑也许对生存很重要,不仅仅是人类,许多动物经历了生活的历练之后,也会发现,需要用奔跑来摆脱诸如灰熊之类的掠食者或者生命威胁。然而,对山区的动物来说,成功地估计山峰的高度,并避免自己掉下去,也许是一项更重要的生存技能。而在战场上,懂得如何与敌军谈判就事关生死存亡。因此,不同的环境中,起决定性作用的技能是不同的。

社会文化情境的重要性也会体现在教学中。很多有经验的教师都知道,在一种情境下有效的教学策略在另一种情境中未必同样管用。即使在一个国家中也普遍存在差异。例如,在东部被认为有趣的笑话,在中西部也许就不那么有趣,反之亦然。

获得行为上的遵从,在不同的文化中采用的方法也是千差万别。几年前我在波多黎各大学做讲座时,发现自己面临着一个严重的课堂管理问题,听众中的那些教育学领域的教授根本不听我讲。出于这样那样的原因,他们对我置若罔闻,在教室里走来走去,甚至离开教室,相互交谈,总之对我的讲座非常漫不经心。

我尝试着用了师范生接受培训时都会学到的标准的、没有创造性的方法:降低自己的声音,希望那些教授也会降低自己的声音,来好好听讲座。当然,这种做法是建立在教授们想听这个报告的假设之上的。然而,事实证明,这个假设是错误的。相反,他们似乎很高兴我降低了自己的声音,这样他们就能更清楚地听见彼此的谈话。之后,我口头要求他们安静,但也不管用。最后,我放弃了努力。接着,听众中站起来一名妇女,用西班牙语快速地说了一通。之后,这个教室完全安静下来了,听众一直保持安静、专心地听我做完了讲座。

这位妇女说了什么？她只是充分利用了对这个文化情境的理解。波多黎各认同的是一种耻辱（shame）文化，而不是一种愧疚（guilt）文化。我想使听众愧疚的尝试在美国本土也许有效，但在波多黎各却是徒劳。相反，那位妇女对听众们说，如果他们继续吵闹，斯腾伯格就会对波多黎各大学留下很坏的印象，并且会对其他人说起这件事。她说，在座的没有权利给学校抹黑，并使这所大学蒙羞。这种请求成功地引起了众人行为上的改变，而我却没有成功，因为我没有意识到自己所面对的是另一种社会文化情境。

扬长避短

成功智力是能认识到并且充分发挥自身优势的能力。所有的人都有自己的长处，却没有人无所不能。这是个基本事实，也是理解成功智力的关键所在。具有成功智力的人知道自己能做好什么，并能充分发挥自己的特长。那个有点儿精明劲儿的男孩虽然不擅长数学计算，却能想出逃出生天的路子。第一个男孩完全有能力用他的学业技能，找到一条逃生的途径，但他却没有这样做。尽管他认识到自己的优势，但他不会善加利用，结果难逃被吃掉的命运。

在另一类情境中，例如，在课堂上，第一个男孩就能比第二个男孩更好地发挥自己的优势，他的成绩肯定更好一些。但这个小故事意在表明，生活的不同情境中会有不同的利害程度，很可能有些情境事关人的生死。所以，在更多的情境中，实践性的技能比学业上的技能更有用。当然，也许情况并不总是这样。如果一个人不得已要开车穿过一片沙漠，沿途没有加油站，那么，计算一箱油能让车开多远的技能就是一项能让人保命的能力。

扬长避短还有一个重要的寓意。因为没有人无所不能，所以无论是通向智慧还是通向成功,道路都绝非只有一条。如果看看随便哪一个领域中那几个最有成就的人,比如说,自己遇到的最好的老师,就会发现他们的成功并没有什么固定的模式。如果有的话,大家早就都付诸实施了。一个老师可能课讲得特别好,另一个可能善于引导讨论,第三个也许更会指导学生自主活动。他们之所以成功,就是能发现并且能充分发挥自己的优势。

有一次,在听一位有名的老师讲思维教学课时,我非常惊讶于这位老师与听众建立起的亲密关系和与听众进行交流的能力。我非常钦佩地对身边的一个人说,真希望自己讲课能和他一样好。旁边这个人盯着我看了一会儿,然后说:"他有他的套路,你有你的本事。"她的话一语中的。每个人都应该发现属于自己的道路。没有什么方法对每个人都适用。

取长补短

成功的人也会认识到自身劣势,并努力进行弥补或是纠正。没有人无所不能,因此,每个人都需要学会如何应付自己的弱点。

心理学家和教育学家可以谈论任何他们想谈的有关"综合智力"的问题,但他们不可能发现一个没有任何智力弱点的人,不管这个人的智商有多高,他都不可能十全十美。人们在生活中取得成功,并不是因为他们没有弱点,而是因为他们知道自己的弱点是什么,并且知道如何弥补劣势和纠正缺点。认识不到自己弱点的人,不管他们的优势多么强大,最终都要付出沉重的代价。

适应、改造和选择环境

成功智力是适应、改造和选择环境的能力,人们改变自己的思维和行为以更好地融入所处的环境就是对环境的适应。例如，学生必须适应学校的环境，哪怕他们想要琢磨的事或想要做的事不符合学校的要求。教师往往喜欢那些适应性强的学生，因为这些学生符合老师对他们学习行为的期望。为了适应学校的要求和标准，教师也需要适应学校环境。同理，校长也往往喜欢适应性强的教师。

对智力的传统定义强调适应环境的重要性（如 Binet & Simon, 1916; Wechsler, 1939）。然而，从一个更广泛的角度看，成功智力的含义远远超越了适应性。有时候人们会认为更明智的事情不是去适应环境，而是去改造环境。例如，如果一个教师所在的学校提倡死记硬背，而他却认为死记硬背并不符合学生的利益，这个教师可能就会去改造环境，以符合自己的信念或价值观。

如果一个人致力于改造环境，他可能就会承受被当权者反对的风险，这是适应环境的人不曾体验的。他的上级也许不会愉快地看待或接受他的思维和行动。一个力图改造环境的学生可能会失去老师对他的好感，一个想改造环境的教师也可能会失去校长的好感，甚至可能会失去工作。要改造环境的人们需要意识到他们可能不得不为此付出一定的代价。

成功智力意味着改造和适应之间的平衡。一方面，只适应而不改造的人看上去过于顺从，在某些情况下，是没有原则、缺乏个性、缺乏进取精神。而总是改造的人，又会适得其反，被人当作反对派，经常制造分裂、不愿合作。具有成功智力的人会先决定哪场战役值得打，然后再去打；如果不行就去适应。这样的人能做出明智的选择，并且他们能表现出既会改造又会适应环境的意愿。

然而成功智力并不仅仅意味着适应和改造。有时候，明智的选择是离开这个环境，而选择一个新环境。如果一个人认定他的工作、人际关系、居住地点或其他什么因素，已经不再或从来没有满足自己的生活目标，比如，工作单位让他(她)去做一些他(她)认为不道德的事,或者,曾经点亮人际关系的火苗现在已经闪烁不定了,那么在这些情况下,有时可能是自己选择离开,有时可能是其他人为他(她)做出离开的决定,就像在工作场合中,一个上级对他的雇员胜任工作的能力失去了信心一样。

电影《死亡诗社》(*The Dead Poets' Society*)中所描绘的情形就是一个选择环境的例子。罗宾·威廉姆斯(Robin Williams)扮演一个名叫约翰·基廷的老师,他力图把英语变成学生喜欢的、生动的学科,但是与学校古板的规范发生了冲突。非常明显,那所学校根本容不下基廷这一类型的教师,所以唯一的问题就是这种教师是自己辞职,还是被赶出学校。

成功智力是适应、改造和选择之间的平衡。在大多数情况下,人们首先努力通过适应和改造使环境符合自己的要求。如果努力失败,选择一个新的环境就是最好的选择。

成功智力的三个方面

正如前面提到的,构成成功智力的三种能力是分析能力、创造能力和实践能力。分析能力是人们进行分析、评价、比较或对比时所需要的能力。创造能力是人进行创造、发明、发现时所需要的能力。实践能力是人们将平时学习的知识进行实践、运用时所需要的能力。这三种能力我们将在第四、五、六章分别进行详细探讨。具有成功智力的人能够平衡这三种思维能力。在学校里,学生应具备的主要是分析性能力;出了学校,在现实世界里,创造性能力和实践性能力可能更为重要,特别是实践性能力。

以下是一个教师在生活中利用这三种能力的一个例子,这些例子在日常生活中非常普遍。

奎恩女士(Mrs. Quinn)是个一流的教师,她非常认真负责地教阅读课程（Sternberg & Spear-Swerling, 1996）。她希望所有的学生都能学会阅读。但是她认为学校采用的教材《基础阅读教程》增加了自己的工作难度，而学校还要求各个年级的老师都要使用这套教程。这是和当地学区的要求相一致的教材，以专门传授阅读的"整体语言方法"为基础，强调整体传授词汇，而不是强调语音或是强调在自然的情境中传授单词。

奎恩女士赞同这种阅读方法，但她不认为这是唯一的方法。因为具有讽刺意味的是，25年前，在同一个地区，同一所学校要求她使用一套重点专门放在语音上的基础教程。她不喜欢教阅读时只侧重专门的一个技能。很多诸如奎恩女士这样研究阅读的专家，都提倡使用一套侧重点更加平衡的方案（如 Adams, 1990; Stanovich, 1999; Sternberg & Grigorenko, 1999）。然而，奎恩女士发现，就算使用一套技能侧重点平衡的基础教材，还是只对一部分学生很有效，而对另一部分学生却不管用。她该怎么办？

为了解决这个问题，奎恩女士参与了成功智力三元教学。成功智力已经帮助很多人解决了日常的问题。而对她来说，成功，在某种程度上意味着教学生学会阅读。她对成功的界定相对于她所处的社会文化情境来说是合理的。毕竟她是个一流的教师。

奎恩女士知道她有能力教好这些学生，但她也知道单靠自己的力量是不行的。她的优势在于善于激发学生的动机并帮助他们提高阅读兴趣。奎恩知道怎样充分发挥她的优势。她把课文读给学生听，她活泼生动、抑扬顿挫的朗读，加上她使学生身临其境的能力，极大地激发了学生对阅读的兴趣。同时，奎恩也知道她没有技术上的优势，她和大多数教师一样需要一个很好的阅读教程作为支持。因此，奎恩女士使用了这套教程的《教学参考》以弥补自己在技术方面的弱点。但她并不认为这套阅读教程是特别好的教材，至少对她教的很多学生来说不是特别好。

奎恩决定采用她在以前使用过的以发音为主的教学方法中所学习到

的语音技术来修改现在的方案。正是如此,她在适应和改造环境方面取得了平衡。她既使用了该地区要求的阅读方案(适应),又用另外的技术对她的阅读课程加以大量的补充(改造)。她不再局限于过去常用的方法,因为她发现很多学生对单纯的语音很厌烦,于是她使用了另外一项个人技巧,即把语音的教学和音乐结合起来。她把单词唱出来,并让学生跟她一起唱。那些优美的旋律帮助学生记住了他们要学的内容。奎恩创造性的方法帮助她达到了教学目标——帮助学生学会阅读。

结 论

不管如何界定成功,获得个人生活中的成功所必需的一组综合能力,即是成功智力。具有成功智力的人能认识到自己的优势,并能充分地发挥自身优势;同时能认识到自己的弱点,并努力寻求改变或弥补的途径。具有成功智力的人通过平衡使用自己的分析性能力、创造性能力和实践性能力来适应、改造和选择环境。学生和老师一样,不管在课堂内还是在课堂外,每天都在应用成功智力。在这样做的过程中,他们就已经超越了传统意义上的智力。

回到森林中两个男孩和灰熊的故事,之后,第二个男孩怎么样了?经历过朋友的死亡后,他开始害怕森林。然而,因为他有实践性智力,他意识到自己不能在这种状态中度过余生。于是他学习了诸如深层放松和自我催眠之类的战胜恐惧的现代技术。然后,他回到了森林。

令他高兴的是,他发现自己克服了森林恐慌症。他感到放松,又能感受大自然的平静了。此时此刻,他又要面临一个残酷的教训了。虽然闪电不会两次击中同一个地方,但灰熊会。正当第二个男孩放松的时候,那只灰熊回来了,并从后边冲上来。灰熊非常饥饿,因为自从吃了第一个男孩后还没有吃过一顿饱饭。

第二个男孩吓坏了，意识到自己再也没有机会像上次那样，只要选择比另外一个人跑得快就能逃脱。想不出任何其他的办法了，于是他跪下来开始祈祷。他祈祷灰熊变成一个像他一样善良的、虔诚的信徒。不可思议的是，就在灰熊正要扑向他并把他吃掉的时候，那只灰熊竟然蹲了下去，也开始祈祷了。

这一章的观点是，学校应该重视创造性智力和实践性智力，但这并不意味着传统智力、学业能力和分析能力就不重要了。它们当然也很重要。不幸的是，第二个男孩并没有正确地分析这个问题。他也没有弄清楚宗教的含义。

这个已经接受了异教的灰熊祈祷道："感谢上帝对我的恩赐！"然后一口吃掉了第二个男孩。

这里的观点是，在生活中，分析性能力、创造性能力和实践性能力这三种能力需要达到一种均衡状态。

下一章讨论的是成功智力的理论在课堂中是否有效，并分析为什么传统智力理论虽然不怎么有用却仍然很盛行。

第二章

成功智力理论之考察
Examining the Theory of Successful Intelligence

成功智力理论在课堂教学的应用

我们周围充斥着大量的各种各样的教学理论，其中有一些已经应用于课堂教学中，但是几乎没有一种理论有确切的数据显示其有效性。与这些应用于课堂教学的大多数理论不同的是，成功智力理论自始至终有确切的数据支持。本书就展示了成功智力理论在课堂教学的应用。让我们来回顾一下阐释这些技巧效果的一些研究。

在一组系列性的研究（Sternberg, Ferrari, Clinkenbeard, & Grigorenko, 1996；Sternberg, Grigorenko, Ferrari, & Clinkenbeard, 1999）中，研究者所研究的课题是：学校中的传统教育是否从系统运作的层面歧视有创造性或有实践精神的学生。这项研究展开的动因是研究者相信，学校的体制特别偏爱那些记忆力和分析能力强的学生。

研究人员为高中生设计了一项检测分析能力、创造能力和实践能力的测试，题目包括多项选择和撰写小论文。多项选择部分要求在言语的（verbal）、定量的（quantitative）和图形的（figural）三个内容范畴内进行三种形式的思考，这样就会有九种选项和三个子测试。这个测试的对象是来自美国和其他国家的 326 名学生，这些学生是学校根据它们认为合适的任何标准挑选出来的富有天赋的学生。

这些学生如果被分到五个能力组中的任意一个组，就会被选拔参加一个大学心理学的暑期项目。这五种能力的分组为：高分析能力组、高创造能力组、高实践能力组、高平衡能力组（前三项能力都高）或者低平衡能力组（前三项能力都低）。结果有199名学生参加了这个暑期项目。199名学生使用统一的心理学导论教科书——《探索人类的心灵》基础版（Sternberg, 1995）。但是，上课时这些学生被分成四个不同的讨论小组，反映不同的教学状态。这四个教学状态分别为：记忆、分析性、创造性和实践性。比如，在记忆教学要求中，要求学生描述抑郁理论的主要原则；在分析性教学要求中，要求学生比较或对比抑郁的两种理论及表现；在创造性的教学要求中，要求学生自己构想出并且确切地描述各自定义的抑郁理论；在实践性教学要求中，要求学生运用学到的抑郁的相关知识去帮助一个处于抑郁状态的朋友。

所有的学生以家庭作业、期中考试、期末考试和独立完成项目的最终成绩来评估。每一类型的作业都会用包括记忆能力、分析能力、创新能力以及实践能力的质量来评价。这样所有的学生就会以同样的准确的方式被评价。

结果显示了成功智力理论的有效性。首先，值得注意的是具有高创造能力的学生和具有高实践能力的学生，在种族、民族、社会经济和教育背景方面都比高分析能力组的学生具有更丰富的多样性。换句话说，仅仅依靠扩大测试的能力的范围，即用分析能力、创造能力和实践能力三种测试，就会比通常通过传统方式测试发现的智力优势更加明显。而且，这些学生与众不同的才能，是无法只在分析能力高的学生身上体现出来的。

我们发现所谓的一般智力的因素作用非常微弱，这表明这些一般智力因素只在测试一个非常狭窄的能力范围内具有相关性，通常就是指平常的考试。测试的形式很大程度上会影响考试的结果。即使不考虑多项选择题要测试的内容,多项选择测试题之间也具有相关性。作文测试和多项选择题就只表现出微弱的相关性。而且,在控制测试形式(多项选择或写作)之后,分析、创新和实践能力方面的相关性非常低,在数据上没有显著差异,这也佐证了不同能力之间有相对独立性的看法。三种不同能力的考试——分析性、创造性和实践性考试都可以清晰地体现学业成绩。分析中,至少有两种能力测试显著地预测每种测试的成绩。课业成绩的一个显著指标通常就是分析性成绩:这反映了想要在教学中排除分析方法是不切实际的。然而,在一项来自纽约低收入非裔学生的研究中,黛博拉·克茨(Deborah Coates,1998)却发现了一个不同的结果。她的数据显示实践性测试是比分析性测试更好的学业成绩指标。这也说明了每种能力预测的标准依赖于人口学因素,也依赖于教学的方式。

更重要的是,要注意能力倾向——教学处理的交互作用;那些置身于教学与能力匹配的学生要比教学和能力不相匹配的学生成绩好。换言之,当学生接受适合他们能力倾向的教学方式时,他们在学校里的表现就会变好。如果拥有创造能力和实践能力的学生不能接受适合他们能力类型的教学或评价,他们的每门功课只会年复一年地处于劣势。

在以下的研究中,斯腾伯格、陶福和格里戈连科(Sternberg, Torff, & Grigorenko, 1998a, 1998b)观察了三年级和八年级的社会研究和科学课的学习。三年级的学生来自北卡罗来纳州首府罗利市中收入非常低的社区;八年级的学生来自马里兰州巴尔的摩市和加利福尼亚州弗雷斯诺市的中产阶级和上层中产阶级。这项研究中,学生被分配到三种不同的教学情境中。第一个教学情境中,学生像以往一样接受课程教学,研究不予干预。重点放在记忆方面。在第二个教学情境中,学生接受强调批判性(分析性)思考的教学方式。在第三个教学情境中,学生们被同时要求分析性、创造性和实践性地思考。所有的学生（通过多项选择题）考查记忆性学习，（通过成绩的测评）检测分析性、创造性和实践性的学习能力。

正如预计的，具有成功智力（分析性、创造性和实践性）条件的学生在成绩测评上优于其他学生。有人会反驳说，这个结果仅仅反映了学生接受教学方式的问题。即便如此，这个结果也展示出，针对这些思考的教学是成功的。更重要的是，具有成功智力的学生比其他的学生更出色，甚至在多项选择的记忆性测试上也技高一筹。换言之，就算教师的目的仅仅是扩大学生对信息的记忆，采用成功智力教学也是更好的实践。它能够使学生利用自身的优势，改正或弥补自身的弱点，以丰富有趣的方式对材料进行编码。

这样两组研究结果显示，成功智力不仅在各个部分、各个阶段是有效的，在整体上也是有效的，而且也表明在实验情境下和在课堂教学中同样有效。

为什么传统的智力观念仍然盛行

尽管研究表明成功智力是分析性能力、创造性能力和实践性能力的整合，但是许多学校仍然信奉过时的、传统的智力观念。这些观念的继续盛行有以下几个原因。

封闭系统的不良后果

狭义上的智力概念在当今社会里依然盛行，是因为人们认为智力是一个封闭的系统。这个封闭系统（closed system）自成一体，内部一致，因此难以摆脱。封闭系统一旦确立，便会自我维持，很难改变。

第一编
理解成功智力

赫伦斯坦（Herrnstein）和默里（Murray）眼中的世界

这样的封闭系统会引发持续恶性的循环，由此赫伦斯坦和默里写成了《钟形曲线》(*The Bell Curve*, 1994)。此书纵览了美国关于智力和班级结构的历史。

在赫伦斯坦和默里看来，传统的智力测验通常只能解释真实世界各种成就的10%。尽管这一比例并不小，但它也不算大，但是如果人们知道测验的作用，很可能会非常惊讶。有人也可能会认为赫伦斯坦和默里低估了这一比例，但如果考虑到他们对传统测验一直保持的热情的支持，你就会觉得他们不可能去低估传统测验的价值。

实际上他们出于预测的目的，还可能高估了传统测验的价值。很明显，传统测验有一定的价值，但到底有多大价值呢？赫伦斯坦和默里在这本书中提到了一只"无形的自然之手"。他们认为，正是这只"手"的指引，高智商的人升入社会经济阶层的上层，低智商的人跌入社会经济的下层。赫伦斯坦和默里引用一些数据来支持自己的论点，并且看起来的确如此。尽管他们的数据在不同的方面存在争议(Fraser, 1995; Jacoby, & Glauberman, 1995)，但在美国社会中，他们的论点是站得住脚的。例如，一般来说，律师和医生的智商确实比街道清洁工的智商要高。

问题来了，尽管这些数据可能是正确的，但其背后的理论却不一定也是正确的。美国社会并不像理论上的那样，这是由于"无形的自然之手"造成的，更是因为封闭系统的存在。在美国和其他社会所创建的文化中，测验分数的影响重大而又深远。小学和中学对学生进行分流的时候需要高分数；大学招收新生需要高分数；录取研究生和选拔专职人员也需要高分数。如果某人的测验成绩不好，很难想象他（她）能够得到一份高薪而又体面的工作。很多学生由于低分数被那些要求严格的学院拒之门外。研

成功智力教学

究生入学考试分数低只会使许多学生被一所又一所要求苛刻的研究生院拒之门外。当然，测验分数并不是进入大学或职业院校的唯一标准，但是它们非常重要，假如某人在入学测验中惨败，那他（她）就只能对许多优质大学说再见了。

赫伦斯坦和默里的 10% 这个数字意味着像智商一类的能力对于取得生活中的成功是有影响的，但并非非常重要，其他的能力可能更重要。许多能力很强的人之所以会失去上学或任职的机会，就是因为他们所具有的能力虽然对于工作业绩的实现很重要，但在测验表现上却并不重要。例如，与工作上的成功息息相关的创造性能力和实践性能力在入学测验中是不考查的。而社会也会过分地强调一个相当狭小的范畴内的技能，哪怕这些能力并不能帮助个人做好自己的工作。

选拔的作用

能力的测验可以预测学业成绩，这一点儿也不奇怪，因为测验的设计显然最初就是为了这一目的（Binet & Simon, 1916）。这就使得美国及其他社会创造封闭系统的过程更加明显地表现了出来。教学中要评价特定的能力，如记忆能力和分析能力。要想衡量这些能力，预测学生的学业成绩，能力测验应运而生。人们设计业绩的评价手段，同时也用来评价这些能力。能力测验在预测学习成绩方面比预测工作成绩更准确有效，这是不足为奇的。在学校这个封闭系统中，狭小范畴内的一种能力可以使学习者在能力测验、学习及学业测试中取得成功。但是，这样的能力在后来的工作中就没有那么重要了。

人们能够并且已经建构了这样的封闭系统，它几乎可用来评价人的所有特性。在某些社会中，社会地位是一种非常重要的特性。某个社会阶层的成员可以进入社会最上层，而另一些社会阶层的成员则很少有这样的机会，或者干脆就没有这样的机会。当然，上层社会阶层的成员认为这是他们理应得到的，正如中世纪的贵族在跻身于上层社会和征服奴隶之后所做的那样。而在19世纪初的美国，一个出身于奴隶阶层的人，智商是高是低并没有什么区别——到死他仍然是奴隶。正像社会达尔文主义者经常做的一样，通过信奉"适者生存"，奴隶主和其他人使这一系统得以合理化。

在这个封闭系统中，人的任何一种特性都可以成为选择依据，这一事实说明了系统封闭的结构。假设有这样一个社会，根据身高来选拔人才，只有那些最高的人才能获准进入学校，拥有最好的学习路径，接受最好的学习规划，进入最有名的大学；身材较矮的人则不得不进入较差的学校，接受较差的教育。当然，在身高测量中，禁止穿高跟鞋，这和如今禁止考试作弊是一样的。在研究生录取中，身高指标是所有标准中最苛刻的一个。最后人们会发现，处于这个社会经济顶层地位的人都非常高，而处于底层的人则非常矮。

所有的这一切听起来好像不真实，但这个社会的确根据身高在选拔人才，认识到这一点是很重要的。首席执行官、将军及其他大权在握的人物都比他们的下属个头高。关于身高的这一例子向我们指出，不管是什么样的社会，智力以外的特性也都可能对个人的成功起到重要作用，这些特性包括身高、种族、人际魅力，也包括个人的一些特点，如个性、动机、情感等。

通常情况下，封闭的系统禁锢了个人的选择自由，歪曲了社会的本来面目，剥夺了许多人本应拥有的机会。社会也因此失去了许多人才。与用身高或其他类似的评价方法来选拔人才相比，传统的智力测验可能还是要好些。如果将能力测验的范围扩大，情况必然会变得更好。

与智力（至少是按照当前的和绝大多数的定义来说）毫不相干的个人特点可能会和智力混为一体。比如，我曾经参观过牙买加的一些课堂，这些小学里都只有一间教室，采用的是典型的复式教学。但是一间教室里的多个班级之间没有屏障隔开，结果教室里的吵闹声一直不断。我心里不停地自问，如果比奈（Binet）来对这些学生进行系统的智力测验，他会给测验增加点什么。我认为，比奈可能决定增加一组听力测验。因为在这种情况下，听的能力看起来最重要，毕竟不管是老师的教学，还是测验题目，一般都是口头传达给学生的。在这种情况下，听力好的学生，测验就会做得好，听力不好的学生，测验也自然会差一些，要是他们运气差，没能坐在教室前边正中间，成绩就会更差。

听力与智力相关的重要性并不只是假设。当我在一次研讨会上提到上述观察的时候，一位来自圭亚那（位于南美洲东北部，全称为圭亚那合作共和国——译者注）的女士解释说，她自己就是在类似的学校中长大的，那时候她总是纳闷为什么最聪明的学生老是那些坐在教室前边的人。在这种情况下，如果一个学生坐在教室前边，那他（她）就会显得很聪明。教师可能不会认为好的听觉（听知觉）能力是智力的一部分，但他（她）却会很自然地把这些能力的影响与智力挂上钩。类似的，视力差却不戴眼镜的学生，看起来也就不会很灵光。

牙买加之行同时也指出了另一个重要的事实，即，关于智力研究的（错误）假设是，所有的学生在能力测验和完成学业上具有平等的成功机会。事实上，他们没有完全平等的机会。例如，一项在牙买加进行的研究中，我们（Sternberg, Powell, McGrane, & Grantham-McGregor, 1997）考察了肠道寄生虫（最常见的是鞭虫）感染对学生认知功能的影响。受到中等以上程度肠道寄生虫危害的学生，在校学习成绩都比较差，于是研究者想知道为什么会这样。随后的研究表明，受感染的学生一般在高级认知技能测验中都做得比较差，即使对可能影响结果的一些变量，如社会经济地位等加以控制以后，依然如此。同时数据也显示，尽管抗寄生虫药物的使用促进了身体健康，但它却无法提高认知能力的测验分数。或许因为这健康上的缺乏已经持续了很多年，不会因为一剂特效药就马上缓解。有寄生虫感染的学生很难集中注意力学习，因为他们感觉身体不舒服。数据显示，这种学业上的缺失，一旦累积，其影响不是一朝一夕就能改变的。不论在什么样的社会中，如果学生们面临健康问题、营养问题或安全问题，那他们就难以拥有平等的成功机会。

总而言之，社会能够并且应当采用多样化的标准来选拔人才。许多社会正在应用社会地位作为评价系统，有些国家，如印度，明显是根据社会地位来选拔人才的；还有些国家，如美国，只是暗中执行。还有一些国家使用或曾经使用过诸如种族、宗教或父辈的财产等，来作为选拔的基础。更多的国家使用复合的标准。当一个评价系统发生作用之后，那些无论是凭借精英教育还是其他什么手段得以进入权力结构中的人们，会愿意寻求与他们自己类似的人执掌权力，原因非常简单，没有什么比相似性对人际吸引更有影响的了（参见 Sternberg, 1998）。因此，那些大权在握的人会寻找与他们相似的人，结果就形成了一个潜在的无休止的封闭系统。

自我实现的预言

封闭系统最糟糕的影响是，它们造就了自我实现的预言。

当我是个小学生时，在智力测验中总是表现得相当糟糕。我有着令人难以置信的考试焦虑。只要一看到学校的心理老师走进教室要进行智力测试，我就会无比恐慌。一听到心理老师发出"开始做题"的指令，我更是极度惶恐，一道题也答不上来。直到现在，我还清楚地记得，当别的同学已经游刃有余地一页一页地做题时，自己还在前几道题目上不知所措。对我而言，智力测验甚至早在开始前就已经结束了，因为每次的结果总是老样子——失败。

当然，无数的出题人、教师、管理者和学校心理学专家都会信誓旦旦地

| 成功智力教学

说,在智力测验中不存在什么"不及格",也没有人"赢"或"输"。也许是没有,但是实际一点来看,当一个人在智力测试中失利后,被贴上"蠢笨"的标签时,他(她)就已经输掉了这场比赛。

就连平常人也能想到,连智力测试都做不好的学生,以后还能怎么样。没有人会对他们寄予希望。我的低年级老师当然也不看好我,所以我也就表现得像他们想的那样,在小学的前三年里,我一直不是很优秀。那么老师们是否对我感到失望呢?一点儿也不,他们都很高兴,因为我的表现正符合他们的预料;我自己也很高兴,因为我的老师们高兴。总之,大家都很高兴,只不过我已是生活中的又一位失败者而已。

我在读小学时,前三年的学业成绩差到底是因为自己真的头脑简单,缺乏成为一名高成就者所需的能力呢,还是因为老师知道了我的智力测验分数之后对预言的证实呢?大多数时候,人们都无法找到真正的答案,因为一旦学生们的学业成绩开始走下坡路,他们很快就会发现这是一条通往失败的单行道。正如一些电视剧所表现的那样,很少有人能在走入低谷之后幸运地抽身出来。

我是幸运的,很少有学生像我一样幸运。当我九岁读四年级时,来到了阿里克莎夫人(Mrs. Alexa)所教的班级。当之前的老师们一直对智力测验深信不疑时,阿里克莎夫人不知道、也不关心所谓的智商分数。她相信我可以做得更好,并且对我寄予厚望。事实上,她对我的要求也更高了。结果,她如愿以偿地看到了我的进步。为什么呢?因为我想让她开心,这种愿望可比小学头三年想取悦老师来得更强烈。

但是阿里克莎夫人并没有表现出特别的惊讶,倒是我对自己超越了老师的期望感到吃惊不已。我很快成了全优生。有生以来第一次,我把自己看作是可以成为优等生的人,从此以后,我一直是优等生。就在那时,我也从未认为自己是因为聪明而成为一名优等生。相反地,我确认,尽管智商

第一编
理解成功智力

测验分数低表明自己的智商低，但我还是能够成为一名优等生。

相似的经历不仅仅局限于 20 世纪 50 年代。在之后的 80 年代，也就是在我、迪克、简和塞利（Dick, Jane, & Sally）经历了 30 年迷迷糊糊的人生历程后，我的儿子赛思（Seth），当时作为一名小学生也遇到了相似的问题。赛思原来在一所好学校上学，后来由于搬家，转入了另一所好学校。这两所学校各方面都很相似，连外貌都差不多，但是对赛思来说这却是一个翻天覆地的变化。在第一所学校里，他的阅读水平是一流的，然而到第二所学校后，他居然被分到了最差阅读组。难以置信，一个孩子在夏天经历一次搬家之后，智力会下降这么多。

当赛思刚进新学校时，老师需要把他安排到一个合适的阅读组中。新学校并没有单凭赛思先前在老学校被排到高级阅读组这一点来做决定，而是采取了一种看起来更科学的方法对赛思进行了考查。到校的第一天，他们对赛思进行了一次阅读能力测验（阅读测验与智力测验密切相关）。赛思考得很差。当然，这是赛思来到一所新学校的第一天，有新教室、新教师和新伙伴的影响，更不用说伴随乔迁新居所产生的其他种种的适应问题了。赛思几乎无法集中注意力来应对任何测验，也就难怪他做得不好了。

低分数所产生的后果马上出现了，并且影响深远。赛思被分进了最差阅读组中。然而过了一段时间，老师注意到他的阅读成绩要比同组的其他学生好。其实对这一观察结果，老师无须大惊小怪，因为赛思在先前的学校中早已掌握了现在所学的阅读技能。这下大家可能会想，既然如此，学校应该马上把他转到中级阅读组去了吧。可事实是，他们又对赛思进行了阅读测验。

这一次，他的表现好了许多，他在阅读测验中得了个高分，因此被转进了中级阅读组。不久，老师发现他的阅读成绩比中等组里的其他学生还要优秀，于是，按照同样的逻辑，他再一次接受了阅读测验。这次，他的得分达到了高级阅读组学生的水平。作为赛思的父母，我和我妻子心想下一步学校会做点什么了，结果，我们猜错了。

赛思仍然被留在了中级阅读组。令我们感到难以理解的是，一向对阅读测验的分数非常看重的老师，对赛思这一次的成绩却视而不见。在一次家长会上，校长、学校心理专家和阅读教师都对这一情况做了解释。他们说尽管赛思确实在阅读测验中表现很好，但是他比高级阅读组的孩子少学了一本书。如果他被转入高级阅读组，他就学不到那本书中所讲的技能了。

看看所谓的"自我实现"的预言吧！就因为赛思在转到新学校第一天，心神烦乱，就被分到了低级阅读组中，不为人们所重视，他已被学校定了型。将赛思的遭遇乘以数亿，人们就能得到一幅完整的画卷，它勾画出了美国所有学校中的孩子们正经历的事情。学校一开始就对学生不抱什么期望，然后再按照这种想法做下去，得到预想中的结果，从而"证实"自己最初的想法是多么的正确。

赛思困境所隐藏的信息是，测验——这一阅读成绩的预示者——比它所要预测的阅读能力本身更为重要。这就好像天气预报，告诉我们很多天气的知识，却轻描淡写天气本身。如果天气预报说要下雨，那么这才是关键，至于后来下不下雨，已不重要了。

这种本末颠倒的逻辑不仅仅限于低成就者。社会有时会把实际业绩高于其智商水平的人称为"超成就者"。这时，预测再次比业绩本身更重要了。社会不会承认测验存在什么问题，而会认为，一定是参加测验的人出了问题。

环境的作用

在预测错误的时候，人们有时会严重低估学生所面临的困难，特别是当这些学生来自一个较低的社会阶层，而不是像赛思一样来自中产阶层时,情况更是如此。因为许多教师在中产阶级家庭中长大,他们很难想象这些学生承受着生活环境的威胁。

有些地方,学生最先关注的是自身的安全。他们时常感到自身的安全会受到威胁,而事实也确实如此。另一些地方,学生们还在深受饥饿或疾病之苦,如前面提到的有关肠道寄生虫感染的例子。人们应该扪心自问:如果自己处在这些学生所处的环境中学习,能学到一个什么样的程度?本书的作者在访问印度的勒克瑙时,发现一个这样的情况,可以充分说明环境是影响学生的。

在勒克瑙的室外,连一些阳光遮住的地方,温度都高达45摄氏度,而学生们却坐在烈日直晒的地方。在这样的地方,日托幼儿园的十几个孩子们一待就是一个上午。本书作者去那里访问,才待了大约30分钟,就已经头昏脑涨、筋疲力尽了。

环境的恶劣程度,令人吃惊。因为户外活动中心相当狭小,学生们的活动受到很大的限制。这个户外活动中心也就美国中产阶级家庭的浴室那么大,学生们坐在薄薄的小垫子上,紧紧挤在一起。更为不幸的是,类似的情况不一而足。下水道是敞开着的,人畜粪便的臭味到处弥漫。污物更是遍及脏乱的大街、人行道以及建筑物中。虽然人类的鼻子对气味有适应性,但这里的臭味却令人无法忍受。

在委内瑞拉、牙买加、坦桑尼亚、肯尼亚及其他一些国家,这样的环境随处可见,不相上下。在美国,也存在这样的环境。

我们到这些地方的原因也是想了解污水环境对学生的影响。在这段时间里,有大约40%的学生感染上了肠道寄生虫病:这种病通常是吃了被粪便污染的食物,喝了这样的饮用水,或是吃了其他不干净的东西而感染上的。我们在勒克瑙设计了一些测验题,用来评价药物杀虫对学生认知功能的影响。研究地点是勒克瑙市250多个这样的地点中的一个。

成功智力教学

在先前的研究中，人们发现肠道虫类感染总是和完成复杂认知任务的成绩上不去有相关性。这一问题早已不是新闻，根据世界卫生组织的调查，世界上约有超过一亿个儿童感染肠道寄生虫（Stephenson, 2001）。这些感染大约缩短了儿童20%的寿命。

不久，肠道感染和营养不良的综合影响就显现了。勒克瑙60%的学生体重不足，而在研究地的贫民窟中，几乎所有的学生都瘦骨嶙峋，许多还患了皮肤感染病。所有的学生都无精打采，其中有一个学生虚汗不止，有几个看上去都是病怏怏的。3%在贫民窟生活的孩子不到五岁就会死去（Stephenson, 2001）。大部分人在健康和营养上会遭受严重的危害。下午学生要回到家里去，而家里一般是没有收音机、电视、玩具和书籍的。日托中心也没有这些东西，甚至连桌子、椅子、干净的自来水也没有，有的日托中心甚至连遮阳挡雨的房顶也没有。

格里戈连科抽选了一些大点儿的学生，请他们回答一些认知测验的问题。同时，我观察他们的表现。所有的回答都由印地语翻译成英语。过了一会儿，格里戈连科提出一个关于身高的三项排列的问题：大卫比玛丽高，玛丽比威廉高，三个人谁最高？我悄悄地对格里戈连科说："难道这个题目还答不出来吗？"有个学生回答了，翻译朝她点点头，表示她答对了。我没有提问，在45℃、又潮又臭的环境中，我已难以清醒地思考了。大多数人都是这样。

在评判学生时，教师需要经常从学生的角度去思考事情是怎样的。但是，真实社会中却无法做到这一点，因为教师更多是从学校或雇主的角度来考虑问题。

第三章

生活与学校学习中的成功智力
Successful Intelligence in Life and in School

生活中的成功智力:世界发展变化的要求

今天,人们生活在一个不断发展变化的世界里。一切都在变,技术在发展,经济在变化,对各种工作的要求也在变革。当今就业的主流口号看上去总是"做不长",什么问题呢?传统的职业道路通常以一到两个固定的工作为本,在这样的工作中一步步顺级而上。但是现在,这种情形已经发生了变化。一个工作贯穿一生,只需掌握一种单一的技术,这样的传统形式正在逐渐消失。

社会学研究显示,曾经接受过两年以上高等教育的20世纪90年代后期的美国年轻人,将会在之后四十年的职业生涯中改换职业十一次,改变职业基本技能三次(Sennett, 1998)。短期的合同式工作取代了长期的固定式工作,项目、承包的工作取代了专职工作。在现实生活中,"做不长"的想法意味着人们需要不断地谋求新工作、迁移工作地点,工作时要灵活、有创新,并且善于随机应变。从能力上看,"做不长"的工作本质上更需要人们具有分析、实践和创造三类成功智力,因为只有这样,人们才能不断地分析自己的处境,创造性地利用个人资源,并通过实践适应新的工作环境。

如果人们承认,分析能力、创造能力和实践能力正是现代职业的必然要求,那么教育的重要产物逻辑上也应该包括:让学生掌握分析性智力、创造性智力和实践性智力。

学校中的成功智力:赋予个人平等的机会

在学校中度过的岁月是人生中的重要组成部分,并且永远影响着人的一生。学校成长中的成功与失败人们会记上一辈子。因此,作为教育者,教师总是想尽量增加每一位学生成功的可能性。要实现这一目标,对教师来说,最好的方法就是设计不同类型的活动,这样,学生就会有很多活动机会,去尝试应用自己的各种能力,进而能够发现自己最强的能力,并且能够尽可能多地掌握技能。困难的问题是,学生能力的优势不同,教师应该怎样设计活动,才能使每个学生都得到锻炼?在下面的案例中,爱丽丝、芭芭拉和赛丽分别代表了具备一种优势能力的学生。(所有这些例子都是真实的,只是改换了人名)

爱丽丝:分析性智力代表

爱丽丝是教师梦寐以求的学生,她考试分数高,在班级中表现好,总之,她做什么事情都符合教师对优等生的要求。通常,大家都认为爱丽丝应该是班上的佼佼者,理所当然会认为她现在成绩这么好,在将来的学习生涯中肯定也会取得优异的成绩。但是,在完成心理学的研究生学业时,爱丽丝却表现得很一般。70%~80%的同学都比她做得更好。

爱丽丝这样的学生在各级学校中都有,他们共同的特点是:(1)学科评分等级高;(2)测试分数高;(3)通常喜欢上学;(4)受老师喜欢;(5)适应学校生活;(6)听话;(7)善于发现他人观点上的问题;(8)天生的"批评家";(9)喜欢在别人的指导下学习,而不善于自学。

人们不禁要问:爱丽丝怎么了?和她一类的学生到底有什么问题?答案非常简单。虽然爱丽丝善于记忆和分析别人的观点,但是她却不会提出自己的看法,因此在更高级的学业中她落后了。因为在高级的学习中(真实生活也如此),每个人都需要提出自己的创见。同样,一些分析能力很强的学生很可能在学习技能上表现出众,但他们要想在以后的学术生涯和现实生活中取得成功,仅学习成绩优秀还是不够的,还需要更多的一些东西。

托马斯是一名四年级的小学生,他的能力情况与爱丽丝相似。平时作业按时完成,保质保量,在全国和州里的统考中成绩优异,每年教过他的老师都会对他印象深刻。然而,他的四年级老师罗杰斯夫人却看到了麻烦的苗头。有一次,罗杰斯夫人布置了一项创造性写作任务,托马斯交上来一篇作业,这篇作业虽然在语法和拼写上都很精彩,但却基本上是对正在学习的一个故事的重述。尽管其他一些同学语法和拼写没有托马斯写的那么好,但他们编写的故事都充满了丰富的想象力。又一次,罗杰斯夫人请同学们尝试着画一个外星人的样子,并详细描述外星人各部分的功能。托马斯的画和描述都很优美,但更像是对人的特征的描述。罗杰斯夫人所关心的不是托马斯能否在学校里学习好,而是他在今后的生活中能否发挥自身的想象力,能否享受生活。

如果学校教育是为将来的工作做准备,那么,学校发展和培养学生的创造性思维,就显得非常重要。为什么?因为对爱丽丝和托马斯这样的学生来说,要胜任日后的大多数工作,就必须有自己的创见。

举例来说,要进行科学研究,不仅需要记住书本中的事实,或解决课本章节末尾的问题,还需要创造出有意义的理论,这样才能对科学研究,乃至整个世界做出贡献。能提出重要科学理论的人不一定都擅长记忆,或解决教科书中的问题。实际上,他们可能恰恰不是特别喜欢做这些事情,因而在学校中表现得也不怎么好。

其他领域也存在同样的情形。拿写作或艺术创作来说吧，有的人能够根据教师的指导成功地写出好文章或者画出美丽的图画，却未必能在故事或图画中表现出自己的创见。例如，在某所学校里，教室外面的海报栏上展示着24幅孩子的图画，这些图画画的都是他们自己的家。图画画得都很漂亮，但很明显，教师事先已告诉学生应该画什么。如果是孩子们自己选择绘画的主题，他们不可能同时决定画自己的家。然而在真实的艺术和写作过程中，不会有人告诉艺术家或作家他们的作品要表达什么主题。实际上，有创造性的作家和艺术家必须有自己的想象力和自己的想法。对于教师来说，经常为学生提出问题是不行的，因为真正的生活要求学生自己会提出问题。所以，有时，教育者需要鼓励学生自己去提出问题，而不要替他们提问题。

有人可能会说，大多数学生不会成为科学家、艺术家或者作家，但是就算去从事如同商业这种实用性非常强的工作，情况也是一样的。在斯腾伯格等（2000）研究实践性智力时，许多接受访谈的经理经常抱怨，他们所雇用的那些商学院的优秀毕业生，很善于分析教科书中的案例，却很可能想不出标新立异的想法来拓展新产品或改进服务，想不出包装的好方法，为产品在货架上腾出更多的空间，也想不出好方法，与别国的企业去竞争。

这个问题的关键是，学生在学校里成功所需的那种能力与商业环境中成功所需的能力差距很大，就算学校在训练商业人才方面非常注重实用性，也无法真正解决这个问题。因此，学校训练出来的学生总是难以满足社会对他们的期望。

同样的问题也困扰着教育活动本身。在课程学习中取得优秀的学生未必能够在课堂的环境中大胆创新。

经验显示，课堂教学也具有很大的挑战性。举例来说，许多教师都有自己独特的教学技巧，这些技巧可能在前一年相当有效，然而不知什么原因，第二年就不管用了。学生看上去好像没什么不同，教学技巧也一样，但在前一个教学班可以用的教学方法，在新班级就不行了，教学效果不一样了。如果一位没有创造性的教师遇到这种情况，她就可能会责备学生，或者简单地认为自己的技术仍然是好的，只不过学生的运气不好，没能从中获益。如果一位有创造性的老师遇到这种情况，她就会认识到教学并不是一成不变的，教师应该经常改善自己的教学技术，以满足学生新的需要。有创造性的教师把这种情况看作是一次学习的机会，终身学习，不断地设计、尝试一些新的教学技术，这样不仅学生得益，教师自己也得到了发展。

那么，我们认为非常聪明的学生，为什么会像爱丽丝和托马斯那样呢？换句话说，为什么他们在每次的考试中能得到高分，在其他方面却不行呢？

儿童生来就具有各种各样的能力，而之后的教育限制了某些能力的发展，有这个可能吗？从本质上来说，美国的教育者通过不断奖励在考试中得高分的学生，塑造了一大批和爱丽丝一样只会学习和考试的学生。实际上，学生们学到的是，如果像爱丽丝一样"聪明"，他们就有回报，可以在考试中得到高分，进入前几名，得到奖学金，以及名牌大学的录取通知书。

研究者对非洲的科派利（Kpelle）部落所开展的一项研究证明（Cole, Gay, Glick, & Sharp, 1971），是学校把学生塑造成了爱丽丝这样的人。研究者格里克（Glick）拿出一些词语，要求这个部落的成年人对这些词语进行分类，例如按照类别分：水果（苹果、橘子、葡萄柚）、蔬菜（芹菜、莴苣、花椰菜）、交通工具（公共汽车、小船、轿车）。格里克发现科派利部落的人会按照功能来进行分类，例如，他们会把"苹果"和"吃"归为一类，把"轿车"和"汽油"归为一类。

在美国文化中，只有小孩子才会按功能对事物进行分类。如果一个美国的成年人像科派利人那样按功能分类事物的话，人们就会认为他很笨。大一些的孩子和成人要按照分类方法（如把水果放在一起）或按等级（如把不同的水果归到水果大类里，再把水果一类归入食物这一类）进行分类。

格里克没有直接教科派利人按照分类学进行分类，而是试图让他们按照功能之外的方法进行分类。结果发现这个部落的人只会按功能分类，他们不会用其他方法。最后，格里克决定问问他们，假如一个愚笨的人来尝试分类，将如何对这些事物进行分类。结果，这些科派利人给出的答案恰恰就是按照分类学的方法进行分类。为什么科派利人认为按分类学分类是愚笨的呢？因为他们不是在西方的教育体系中长大的，更重要的是，他们没有参加过西方的测试。

在日常生活中，人们都会用功能性方法进行思考。大家都能想到苹果是用来吃的，汽车消耗汽油。而人们在学校里学会了按分类学分类，但是绝大多数的时候这种思考方法仅适用于人工营造的情境。这样，问题就来了，优秀的学生、对事业满怀抱负的人不能使用学校中学过的方法去思考，也就是，他们不能单纯地复述或分析别人的想法和观点，而需要拿出自己的想法和理论。

因为学校教育一般不会主动地鼓励学习创造性思维方式，也不会教学生进行创造性思维，所以学生也就没有形成这种思维技能。在美国，学校教给学生的那些技能从本质上误导了学生，这些技能对他们今后的生活虽然重要，但远没有像对学校生活那样重要。

芭芭拉：创造性智力代表

芭芭拉展现了另一副聪明的样子。她的成绩不错，但并不是最好的。虽然她的能力倾向测验分数很低，但她的大学老师都认为她很了不起。

第一编
理解成功智力

当芭芭拉申请研究生主攻心理学方向时，几乎遭到了招生评委老师的一致反对。实际上，只有一位老师同意接收她。虽然芭芭拉的学习档案表明她具备了很强的能力，但大多数招生评委老师主要考虑的却是她的能力倾向测验分数。换句话说，招生评委老师对能力倾向测验分数更有信心，而对她的实际学习情况却不甚关心，尽管这个分数并不能准确地预测她的创造能力。这种奇怪的情况在当前的教育实践中是屡见不鲜的，业绩的指标比业绩本身更重要，衡量能力的分数比能力本身更重要。

芭芭拉这样的情况并不是在研究生教育中才会出现。我的女儿萨拉是一个小学生，就读于一所公立小学，这所学校中的大部分学生都来自中产阶级。一次，萨拉的老师在讲一个有关行星的单元，为了使学生更好地了解火星的情况，她要求同学们把自己想象成宇航员，想象自己穿着宇航服，登上火星去做些什么。

萨拉举手给老师提出这样一个建议：由她来扮演火星人，迎接到达火星的这些宇航员。老师立即否定了她的提议，并解释说，从空间探测得知火星上并没有居民，因此在学习科学知识的课堂上，萨拉来扮演火星人不大合适。

我得知这一情况之后相当苦恼。萨拉的老师的确做了其权利范围之内的回答，但是，学生有了创造性想法，并说了出来，有多少次立刻得到的是这样的回答，就好像因为这样的创造性想法要受到惩罚？学生从这样的经历中会学到什么呢？他们可能学会的是，当下一次自己再有创造性想法时，最好缄默不语。难道教育者想让学生学会的就是这些吗？

然而，这位教师的行为是可以理解的，毫无疑问，她也是一番好意。首先，火星人很可能不存在（目前还无法确定，尽管有很多理由：他们可能活在地下，他们可能向空间探测器发出了错误的反馈，也可能以一种空间探测器无法辨别的生存形态存活等等）。其次，正如其他所有的教师，萨拉的这位老师为整个学期的课程准备了大量的材料，但更让他们关心的是，过度的课堂娱乐活动会妨碍材料的完整性，学生参加全国性统考时，难以得到公平的对待。但是，在教师的行为里面，恐怕没有什么比打击学生提出的创造性想法更能抹杀其这种品质了。

为什么芭芭拉的未来会困难重重？为什么萨拉也面临这样的困境？为什么教师、教授、学校管理者和公司经理都更关注测试的分数，而不是实际表现？总而言之，为什么他们这么重视智力测验的结果以及与之相关的能力？这是因为他们在一个封闭的系统里，这个封闭系统只对非常少的一部分人有利，而对那些真正具有潜力、能够造福于社会的人不一定有利。

赛丽：实践性智力代表

当赛丽申请成为心理学系的研究生时，从申请书上看，她的成绩很好，但算不上优秀；等级不错，但也不是很高；推荐信很好，但也称不上出色。事实上，她的申请书中所有内容都挺好，但算不上最好。自然地，赛丽被接收了——因为研究需要这样的人：虽然不是最好的，却也很不错。实际上，赛丽之后的研究生学业表现正如大家所预料的那样：好，但不是最好。预测变成了现实，看起来预测真的很准！

让大家大吃一惊的是赛丽找工作的情况：每家单位都想雇用她！这真是一个很有趣的问题。她没有爱丽丝一样的分析能力，也没有芭芭拉一样的创造能力，可为什么她却能在人才市场上一枝独秀呢？

答案实际上非常简单，赛丽有点儿像灰熊故事里面的第二个男孩。她具有很丰富的实践能力，且明白事理。她能融入新环境，知道在这个环境里应该做什么才能得到成长、发展，并能够立即付诸努力。

例如，赛丽知道如何在面试中表现得好一些，如何与他人进行有效沟通，如何完成自己的工作。她也知道哪些东西有用，哪些没用。换句话说，理论上，她情商很高，知道一些很少被公认的东西：在学校和在生活中一样，每个人都需要具备一定的实践性智力，这样才能适应不同的环境。

一些关于儿童在不同环境中的表现的研究，证实了这种实践性智力。例如，卡洛尔等人（Carraher, Carraher, & Schliemann, 1985；另见 Ceci & Roazzi, 1994；Nuñes, 1994）做了一项研究，专门评定智力在环境适应方面的相关性。这个研究的对象是巴西街头的流浪儿童。这些流浪儿童都承受着巨大的环境压力，因为他们不得不加入街头组织。如果他们不加入，就很可能面临所谓的"敢死队"（death squads）的生命威胁。这些"敢死队"会杀害组织里那些为了生存抢劫商店却抢不到钱的小孩。研究者发现，这些流浪儿童虽然能够进行谋生所需的简单计算，但一点儿也不会做学校课本上的算术题。所表述的问题越抽象、离现实生活情境越远，这些儿童就做得越糟糕。这项研究的结果表明，环境对儿童的智力表现的确有很大的影响。

并不只是在巴西街头儿童的身上存在这些差别。拉夫（Lave, 1988）的研究显示，伯克利的家庭主妇们，在超市购物时能够很轻易地进行货物价钱比较的数学运算，但是坐在教室里，让她们解答用抽象的方式表达的同样的数学问题，她们却一点儿也做不出。换句话说，这些主妇们还没有达到思维处理的水平，但是她们在一个具体环境中已经达到了应用的水平。

另外一些研究也得出了与上述研究一致的结果，这些研究既有在美国进行的，也有在其他国家进行的。通过国际性研究可以发现，从传统的智力测试得出的直接解释是有问题的，因为，这些智力测试只能体现智力的一个方面的存在。

研究者在肯尼亚的乌申吉（Usenge）进行了一项研究，考查学生适应本土环境的能力。他们针对适应环境的实践性智力，设计了一次测验（参见

Sternberg, 2004；Sternberg & Grigorenko, 1997；Sternberg 等, 2001），即测定学生关于当地野生草药的非正式知识。乌申吉的村民认为，这些野生草药可以用来抵抗多种感染，至少有一些草药的确有效（F. Okatcha, 1998）。大多数村民相信这些草药的功效，几乎每周一次，村子里的儿童都会运用他们草药方面的小知识，成功地治好自己或村里其他人的病。测试就是看看学生们如何使用这些草药，包括有效的用量，这是在村子内部的环境中，村民的认识和生活水平等条件限定下的实践性智力的一个方面。对于西方的中产阶级人士来说，在这样的环境中，或者在离他们舒适的家不远的城市贫民窟里，不要说成长，哪怕只是生存下去都是一个极大的挑战。

研究者测试了肯尼亚儿童使用草药的能力，测试的内容包括这些草药来自何处、如何使用、如何配制等。根据以前一些类似研究的结果，这个测验的分数与传统的智商测验分数应该不会相关。为了检验这个假设，研究者对 85 名学生进行了西方式的智力测验。另外，还对这些学生进行了一项用他们的母语多洛语（Dholuo）的词汇测验（学生在家说多洛语，在校说英语）。

结果发现，实践性智力测验与语言能力测验有显著的负相关。换言之，学生们的实践性智力测验分数越高，则他们在词汇和英语语法等语言技能测验上的分数就越低。这个结果出人意料。对它可用多种方法来进行解释，但根据文化人类学家所做的人种学观察，可以得出这样的结论：家庭的期望对学生有很重要的影响。

在乌申吉，村里的大多数家庭并不怎么重视西方式的学校教育，许多学生在毕业之前会中途辍学。孩子们和父母一样，成年后大多去种地，或者从事一些用不上西方教育的职业，他们没有理由去学校学那些无用的东西。这些家庭重视教给孩子们一些当地的生活知识，因为这些知识可以使他们顺利地适应周围的环境。如果学生把时间用于学习当地的生活实用知识，那么就没有精力学好学校课程；反之，如果学生把时间更多地用于学校里的学习，就没有时间学习当地生活知识了——因此，实践性智力测验与西方式的智力测验之间就产生了负相关。

在肯尼亚进行的这项研究表明，所谓"人类智力的一般因素"，可能更多地反映出了能力与学校教育模式（特别是西方教育模式）之间的相互影响，却没有反映人们能力的实际构成。在西方学校教育中，学生从小就要学习不同的课程，在不同的领域拓展技能。这种学校教育使学生做好准备去参加智力测验，这些测试能够评估学生在不同方面的技能。智力测验所测的技能，都是学校要求学生通过几年的学习所掌握的那些技能。但是，正如罗格夫（Rogoff，1990）等人提到的，西方学校教育模式并不是世界通用的，在人类历史中也不是贯穿始终的。在历史的长河中，很多地方至今还保留着只收男孩的学徒制教育形式，他们从很小的年龄就开始学习手艺——在一个行业中能够立足的东西。他们不会同时去学习更多的技能，而传统智力测验会要求发展不同的技能。

因为肯尼亚的这些学生在传统的西方方式测验中做得不好，所以他们很快就开始抵制这些测验。这种抵制现象并不是在非洲的村庄里才有。当斯蒂尔和阿伦森（Steele & Aronson，1995）调查美国的非裔大学生时也发现了这种现象。许多学生并不关心自己在能力测验和业绩测验中的成绩，因为他们认为这些测验与自己的个人形象毫不相干。随之，他们对这些学习任务开始失望至极，甚至干脆认为这些学习任务也和自己毫无联系。但是调查者发现，如果告诉学生说，在一次特定的语言测验中，美国非裔大学生和英裔学生的分数没有差别，那么在下次测验中，这些非裔学生的分数会有很大的提高，有趣的是，英裔学生的分数则会下降。类似的现象也会出现在学数学的女学生身上。在一次比较难的数学考试中，如果告诉学生说男生和女生的分数没有差别，那么下次考试中女生的分数就会高些,而男孩子的分数则会降低。

　　总的来说,这项研究的结果符合本章所表述的许多观点。如果教师错误地低估了某个类型智力的价值,可能就会付出高昂的代价。在加利福尼亚州进行的一项研究,对不同种族儿童的父母进行了智力概念的异同比较(Okagaki & Sternberg,1993)。结果发现,英裔和亚裔的父母重视认知技能,而其他种族的父母,主要是拉美裔的父母,则重视社会技能。当学校里的教师被问及对智力概念的看法时,他们也强调认知技能。

　　这一研究表明,如果父母在他们对智力的看法方面,越是重视社交能力和技巧,如重视与同伴友好相处、帮助家人做家务等方面,他们的子女按照学校的标准来看,就表现得越不聪明(Okagaki & Sternberg,1993)。换言之,正是由于家庭环境中父母所强调的技能与学校所强调的技能不一致,那些在家里和社区中表现良好的学生,在学校里却被老师们认为有智力缺陷。由此看来,提高学生学习业绩的最好方法,就是重视取得这些业绩所必须具备的技能。如果这些技能得到了重视,学生就可能在这些方面取得更高成绩。

　　教师如何才能评价和培养学生的不同技能?本书的第四、五、六章将会讨论教师评价和培养三种思维技能的方法,第七、八章将介绍教师应如何组织和进行课堂教学。

|第二编|

培育成功智力

这一部分向读者展示了如何积极主动地处理本书所讨论的材料。要想使成功智力理论发挥作用，每个读者应该想出自己设计的、具体的、真实情境的例子。而且，很重要的一点是，要设计不同学科的例子，并将理论应用到整个教学过程中去，应用到每个学生身上。

本书这一部分的三章分别以课时的方式呈现，每一节课包括一个简要的介绍。接着是对具体内容加以讨论，帮助教师培养学生的某一种具体思维能力。因此，各课的安排是这样的：先是确定一个目标技能，随之用提示词语提出帮助学生掌握相应思维技能的建议，有些建议是从教师的角度提的，而有些则是从学生的角度提的。之后，每课分为"生活应用""课堂应用"和"用心实践"三个部分。"生活应用"给出在课堂之外、生活之中应用某种技能的一些例子。"课堂应用"给出了将这些提示词语应用到不同年级八个学科当中的操作案例，每个例子后面都用一个字母标出了适用的年级：P 代表适用于小学（primary grades），I 代表适用于初中（intermediate grades），HS 代表高中（high school），C 代表大学（college）。最后，"用心实践"希望读者可以运用这个技能的提示，根据自己的教学情境来设计一些练习，因为只有积极地参与设计，才能帮助记忆和理解，并为己所用。

第四章

为分析性智力而教
Teaching for Analytical Thinking

本章共 7 节课，旨在培养学生分析性思维的基本技能。前 6 节课介绍的是问题解决步骤，第 7 课为培养分析性智力补充一些提示。

问题解决

分析性智力，是成功智力的第一个成分，这种智力可以有意识地引导思维加工，以找到解决问题的有效方法。分析性思维可用于解决各种问题，做出决策等。解决问题时，分析性思维要求从一个问题的情境（如没有足够的钱买一辆汽车）入手，逐渐克服各种障碍，找到解决方法。做决策时，分析性思维要求从许多方案中做出选择，或对不同的方案进行评估（如在你买得起的各种车型中选择一种最称心的款式）。不管是选择，还是评估，都需要分析技能。

问题解决是一个循环圈，指人们用来解决问题的一套思维加工过程。这套思维加工过程构成了一个循环，因为它是不断重复的：今天的解决办法到了明天就会成为新的要解决的问题。如果一个人对自己现在的汽车不满意，这一问题的解决办法就是买一辆新车，那么迟早有一天，这人又会对这辆新车不满意，所以这个用来解决老问题的办法就导致新的问题出现。在这个循环中,思维加工步骤的顺序不是固定不变的。为了能够顺利地解决问题,人们可能会随时调整思维的步骤。

经过数十年的争论,心理学家对问题解决的高级加工过程终于达成了合理的共识。虽然不同的心理学家对这些思维过程的命名可能不同,但大家提出的思维加工过程却是一样的。斯腾伯格对问题解决的过程,也提出了自己的一套命名(Sternberg, 1977, 1979, 1980a, 1980b, 1981b, 1985),见下表。表中所列的六项技能,虽然算不上详尽无遗,有可能相互重叠,但这些技能确实代表了人们在解决问题时,最常使用的技能。

表 4.1　问题解决的六种技能

- ◇ 确定问题
- ◇ 配置资源
- ◇ 表征和组织信息
- ◇ 提出问题解决的策略
- ◇ 监控问题解决的策略
- ◇ 评估解决方案

第 1 课：确定问题
LESSON 1: IDENTIFY THE PROBLEM

目标技能： 确定问题

（Targeted skill: Identifying the problem）

提示词语： 确定，指明，识别，命名，定义，查明，理解

（Prompt words or phrases: identify, figure out, recognize, name, define, detect, understand）

    这一步中，问题的解决者不仅要认识到问题的存在，还要能确定该问题的性质。例如，一个学生要写一篇社会学研究论文，题目自定。这篇论文的质量如何在很大程度上取决于所选的题目，如果选的题目不合适，不管学生怎么写，都不会写出一篇好文章来。例如，选择"对史前时期怀俄明州拉勒米城的分析"这个题目就不合适，因为相关的文献可能很少或几乎没有。又例如，"论政体"这个题目太宽泛，不适合写成一篇学生论文。

    能力测验也以富于学术性的方式，间接地对确定问题的能力进行考量。智力测验和其他一些测验，常常包含一些似是而非的答案。说它们似是而非，是因为这可能是另一个不同问题的正确答案（但对当前问题来说是错误的答案）。例如，在数学测验中，有的选项可能对问题的某一环节是正确的，或者可能是中间步骤的正确答案，但它却不是这道题目最终的正确选择。这样有时就会误导应试者把某个错误答案当成正确的，而事实上，它只是部分答案。例如，爱丽丝（第三章中提到的）可能很善于解决问题，

但却不会发现一个好的问题。给她一个作文题目,她能做得很出色,但是假如让她自己想一个出来,她就做不好了。

❖ 生活应用

合理地确定问题不仅对学习来说是重要的能力,在日常生活中也是至关重要的。1974年,底特律汽车公司遭受了严重的财政损失,当时他们认为制造的汽车越大越昂贵,获取的利润就越大。然而石油危机袭来,人们开始青睐小型轿车,此时日本汽车公司所生产的小型轿车正好满足了美国用户的需求。从此之后,市场对小型轿车和大型轿车的需求来回地交替循环。对一个公司来说,关键是要先其他公司一步,明确即将到来的消费需求。

另一个汽车方面的例子也与日本有关。美国汽车公司多年来一直抱怨日本市场不接纳美国的汽车,并指责日本政府排外。他们在日本市场上的确损失惨重,但是,将罪责加在日本政府头上却是不合适的。日本和英国一样,走路靠左边,司机驾驶位就在车的右边。而底特律汽车公司却向日本销售驾驶位(方向盘、刹车、油门踏板等)在左边的汽车。所以,日本消费者对美国汽车根本不感兴趣。相反,日本汽车公司却从未向美国出售过驾驶位在右边的汽车。美国汽车公司认为自己在日本销售失败这个问题,是由于日本政府的商业限制,而事实上,对这个问题更加准确的理解,应该是他们的汽车没有满足特殊的市场需求。颇具讽刺意味的是,在新的世纪里,有许多的跨国汽车公司,有时的确很难分清是谁跟谁在竞争。

政治家会因为对问题的错误识别而弄得声名狼藉。1972年水门事件中,尼克松政府在犯了个大错之后,接着又犯了一个更糟糕的错误。他们派人到水门大厦民主党办公室里安装窃听器,而那人不幸被抓获,政府要掩盖错误,结果制造了历史上一个著名的丑闻事件。

第二个错误更加离谱，因为政府试图全力掩饰这样的错误，结果更是灾难性的。这些坏消息应该告知于民，但由于政府的掩饰，使这些秘密一点儿一点儿缓慢地公之于众，这一策略正好违反了马基雅维利（Machiavelli，1469—1527，意大利新兴资产阶级政治思想家，历史学家——译者注）的告诫：如果有好消息，要慢慢地告诉公众；如果是坏消息，最好马上说出来。由于错误地把水门事件定义为一个需要掩饰的问题，而不去澄清，尼克松政府最终一败涂地。事件的所有参与者都接受了审判并定了罪，尼克松总统最终成为美国历史上第一位因丑闻而中途下台的总统。类似的掩饰行为并非仅出现在共和党人身上，民主党克林顿政府时期，闹得满城风雨的莫尼卡·莱温斯基事件便是个证明。

商业上也会因为对问题错误的辨识而陷入窘境。A. H. 罗宾逊公司力图对公众隐瞒他们所生产的宫内避孕器（the Dalkon Shield）对女性造成的巨大伤害。结果，尽管他们极力隐瞒，这种伤害还是被公开了。之后，公司被迫宣布破产。与此形成鲜明对比的是，当出现有害的氰化物混进了强效止痛药这个问题之后，强生公司（Johnson & Johnson）立即将事情公之于众，并收回了市场上的所有产品。从短期来看，公司受到了经济损失；但从长远来看，公司对问题的辨识正确，氰化物问题解决之后，强生公司的镇痛药迅速恢复了自己的形象。

英特尔公司也发现对问题不同的理解会导致不同的后果。起初，因为没有在意奔腾微芯片上的一个小缺陷，结果引发了大量的负面报道。当他们承认了存在的问题，并予以免费换货，公众才没有再耿耿于怀。

❖ 课堂应用

以培养分析能力为目标的教学是鼓励学生发现问题和提出问题，而不仅仅是回答问题。因此，教师应该鼓励学生对所学习的内容进行思考，对究竟哪些是基本问题提出自己的看法。在课堂讨论或师生交流时，还应鼓励学生去思考为什么认为这些问题是重要的。

本项技能结合八门学科应用举例如下。

语文（初中）	教师鼓励学生选读一本书并写成读书报告。
数学（小学—大学）	教师鼓励学生弄清楚这道数学题究竟是想求解什么。
科学（初中—大学）	教师鼓励学生确定一项科学探究项目中的问题。
社会（初中—大学）	教师鼓励学生独立确定一篇历史论文的主题。
外语（高中—大学）	教师鼓励学生找到一种有效的方法将外语单词与母语单词对应起来学习。
美术（小学—初中）	教师鼓励学生选择一个场景进行写生。
音乐（小学）	教师鼓励学生选唱一首歌。
体育（初中—高中）	教师鼓励学生自我检查一下为什么总是接不住球。

❖ **用心实践**

教师应该列出能与学生进行讨论的、有助于学生理解和明确问题的五项活动。

第 2 课：配置资源
LESSON 2: ALLOCATE RESOURCES

目标技能： 配置资源

(Targeted skill: Allocating resources)

提示词语： 配置，分配，划分，分割，分享，此消彼长

(Prompt words or phrases: allocate, allot, set apart, divide, share, trade off)

在解决问题的这一阶段上，问题解决者要决定把多少时间、多大努力，以及其他的资源（如财力、人力）投入到问题解决中去。实际上，几乎在所有的任务中，可供整个任务分配的时间和资源都是很有限的。所以，在问题解决的初级阶段，需要将可利用的时间或资源合理分配到每个任务上。

如果对资源分配合理，问题就会解决得很出色；如果资源分配不合理，本身容易解决的问题也可能解决不好。例如，学生通常花大量的时间去做调查研究，却只花很少的时间来写论文。他们可能事后才发现，如果他们拿出更多时间来写的话，论文会写得更好。结果，由于论文写作上分配的时间太少，最终的论文就无法真正体现前期所做的调查研究。

瓦格纳和斯腾伯格（1987）在一项研究中考察了人们对阅读时间的分配问题。他们注意到，用来检测阅读理解的各种类型的测验都有一个缺点：这些测验不能全面地说明怎样才算是个好的阅读者。

在阅读测验中，给学生一些文章，每篇文章后面一般既有概括性问

题，也有细节性问题。参加测验的学生需要阅读整篇文章，以求最大程度地理解，因为他们知道出题人可能会针对文章的任何一个点设计考题。但在实际生活中，不论是为学习还是为工作，或者为了消遣的阅读，人们并不寻求最大程度的理解。阅读的目的影响着阅读的策略。人们看报纸、杂志，一般很少注意细节；但是阅读设备安装说明书时，对有关细节一定会格外留心。

对学生来说，好的阅读者应该根据测试类型来分配阅读时间。例如，对一篇历史性材料，是要求写篇议论文，还是做关于细节的多项选择题，阅读的时间分配是不同的。

在瓦格纳和斯腾伯格的研究中，被试者需要带着不同的阅读目的来阅读不同类型的文章，这些不同的阅读目的包括：归纳中心思想、领会篇章要点、抓住文章细节、进行篇章分析和评价等。这个实验研究了人们在阅读中如何分配时间：好的阅读者根据不同的阅读目的，能够进行不同的时间分配，而一般的和较差的阅读者要么是在不同的阅读任务中进行同样的时间分配，要么就是任意地分配时间。他们使用的阅读方法与给定的任务也不对应。简而言之，时间的合理分配是良好阅读的关键，但传统的阅读测验却测不出阅读者的时间分配状况。

❖ 生活应用

时间分配在工作中也很重要。美国前总统吉米·卡特（Jimmy Carter）不会合理分配时间，也不愿有效分配时间。他似乎无法合理地安排工作，也不愿适当授权给下属，终日专注于那些最好是交给下属去做的鸡毛蒜皮的小事。所以，他经常拖延高级决策，或者对重要的决策不能充分地考虑，如到伊朗解救人质时就出现了令人震惊的失误。

其他一些总统又几乎走向了另一个极端。众所周知，罗纳德·里根

（Ronald Reagan）大事小事总是授权给下属，但他委任的那些人当中，有些并未能像民众所期望的那样认真做事，所以在工作的分配上，里根总统也颇有问题。比尔·克林顿（Bill Clinton）好像比他之前的总统更加善于做好平衡，他可以根据任务的轻重缓急来决定是否授权。前总统乔治·布什（George W. Bush）看起来很会授予权力给下级，而且在国防部部长拉姆斯菲尔德（Rumsfeld）辞职一事上，也体现了其在用人唯贤方面非常慎重。

❖ **课堂应用**

教师的目标是帮助学生确定什么资源可以用来完成一项任务。所以，教师可以经常去问学生需要什么资源，并鼓励学生自己决定如何分配资源，决定花费的时间，而不是简单告知。但是，教师应该帮助学生们确定他们自己做的资源分配是否合理。

本项技能结合八门学科应用举例如下。

语文（高中 — 大学）	教师鼓励学生确定用多少时间来准备语文考试。
数学（初中 — 大学）	教师鼓励学生对题量太大，时间不够用的考试，合理分配各部分试题需要的时间。
科学（初中 — 大学）	教师鼓励学生合理分配时间来完成一项实验计划。
社会（高中 — 大学）	教师鼓励学生确定需要多少资料来准备一场辩论，辩论主题是：联合国是否应该干预苏丹达尔富尔（Darfur）的种族屠杀。
外语（初中 — 大学）	教师鼓励学生确定分配多少时间来记一列单词。
美术（小学 — 高中）	教师鼓励学生在绘制一幅静物画时，选择适宜的几种色彩。

音乐（小学 — 初中）	教师鼓励学生确定使用什么音调和节奏来唱一首歌。
体育（初中 — 大学）	教师鼓励学生在准备活动和篮球实际训练中合理分配时间和精力。

❖ 用心实践

教师应该列出能与学生进行讨论的、有助于学生理解和应用资源分配技巧的五项活动。

第3课：表征和组织信息
LESSON 3: REPRESENT AND ORGANIZE INFORMATION

目标技能： 表征和组织信息

（Targeted skill: Representing and organizing information）

提示词语： 顺序，序列，表征，表示，描述，整理，组织

（Prompt words or phrases: order, sequence, represent, denote, portray, arrange, organize）

在本步骤中，问题解决者需要以一种易于理解的、有效的方式来表征和组织信息。如果有个学生要写一篇题为"作为世界警察的美国"的论文，他收集了大量的资料信息，这些资料可以根据书籍或文献的作者姓名来排序，可以根据资料的题目，也可以根据文献的主题来组织，还可以用更多其他的方式来整理。信息的组织方式将决定他论文写作的效率。

我发现整理和组织的价值是一次很偶然的事件。我刚刚从一个办公室搬到另一个办公室，因为急着去上课，就随意地将所有的书堆在了书架上。这样，我的确省了很多按照有序的方式去整理这些书籍的时间，比如，按作者姓名的字母顺序。但我却因为这种随意的放置付出了极大的代价，当需要某本书时，我不得不在几百本书里翻来翻去。最终，我还是不得不将书好好地整理一番，这样我就能在需要某本书的时候，快速地找到它。

这个例子说明了问题解决技能的一个基本原则。优秀的问题解决者往往在初期就投入更多的时间来理解问题和组织相关的信息，这样做，可

以为之后的问题解决阶段节省下大量时间（Sternberg, 1981a, 1999）。

❖ 生活应用

信息的表征和组织对于许多日常事务，诸如各种类型的谈判，都是很重要的。许多以色列人将巴勒斯坦领袖视为谋杀者和骗子，他们说的一点儿也不可信。当然，许多巴勒斯坦人也以同样的眼光看待以色列人。只要对立双方仍把对方描述成不诚实、不可信任的，谈判就不可能取得任何有意义的进展。

1998年以来，印度和巴基斯坦连续进行核试验和规律性导弹试验，长期存在的印巴克什米尔争端再次爆发。两国的报纸都发表言论称自己的军事力量足以抵御核战争的威慑和捍卫自己的国家（参考美联社，2007，巴基斯坦核能导弹测试）。但是，两国把对方国家说成是由骗子和无赖管理的国家，这种报道可能满足了政治家煽动人们爱国热情的短期目的，但只要双方仍互相怀疑，就难以达成有意义的谈判。

对信息的错误表征在神经受损的病人身上会达到极端状态。如下面一个例子：

> 他的脸上露出一丝不易察觉的微笑。他似乎也知道检查结束了，开始四下找他的帽子。他伸出手，抓住他妻子的脑袋，企图提起来，戴到头上去。显然，他把妻子的脑袋错误地当成了一顶帽子！而他的妻子看起来已经对此习以为常。（Sacks, 1985, p.11）

❖ 课堂应用

通常教师要求学生去解数学题、写论文、读书等。这样，教师可以帮助学生组织思维，如通过展示解数学题的过程，写出论文的提纲或概念图，发表对书中人物的评论等，教师可以对学生在解决问题过程中信息组织的质量进行评价。

本项技能结合八门学科应用举例如下。

语文（初中 — 大学）	教师鼓励学生在写论文时组织整理提纲。
数学（初中 — 大学）	教师鼓励学生用数学方程式来表达题目中的文字信息。
科学（高中 — 大学）	教师鼓励学生画出一个运动物体的受力图示。
社会（大学）	教师鼓励学生从语言的表征形式（字母表征与图形表征），对英语（母语）和日语（外语）进行对比。
外语（初中 — 大学）	教师鼓励学生利用想象（头脑中的画面）来帮助建立外语和英语（母语）之间的联系（如学习西班牙语"衬衫"camisa 时，就联想到一个人穿着彩色的"衬衫"shirt）。
美术（小学 — 高中）	教师鼓励学生描述一幅油画中场景的各个组成部分。
音乐（初中 — 大学）	教师鼓励学生考察采用八声音阶表达法和十二声音阶表达法的音乐间有什么差别。
体育（小学 — 初中）	教师鼓励学生了解在一场棒球比赛中，是如何组织场上的队员的（比如第一垒、第二垒等）。

❖ 用心实践

教师应该列出能与学生进行讨论的、有助于学生理解和应用表征及组织信息的五项活动。

第4课：提出问题解决的策略
LESSON 4: FORMULATE A STRATEGY

目标技能：制定策略

（Targeted skill: Formulating a strategy）

提示词语：决策，计划，安排，谋划，设计，调整，制定，分类

（Prompt words or phrases: strategize, plan, lay out, plot, contrive, concoct, draw up, sort）

信息的选择和表征必须紧随某一策略的制定，以确保问题解决者能按照信息的表征去进行思考。策略不合理不仅会造成时间和精力的浪费，也会导致不良的后果。例如，有个学生可能会在调查研究完成之前就想先写论文的引言部分，因为他认为调查研究的结果只会影响论文的主体部分，对陈述研究目标和动机的引言部分应该没有多大影响或根本不会有什么影响。但有经验的作者都知道，目标和动机经常会随着研究的进展而发生变化，有时最后写出来的论文会与最初的意图大相径庭。

❖ 生活应用

策略制定是智力的一个关键部分，这一事实可在对辛普森（O. J. Simpson，美国著名美式足球明星，因涉嫌杀害前妻及其男友而受审——译者注）的审判中得到证明。被告方决定全力依靠一名陪审员担任顾问，由他帮助辩护方选定会投无罪票的陪审员。控方也雇了一位陪审团顾问，尽管这位顾

问已经看出有个陪审员非常偏袒被告,但控方却没有好好考虑顾问的建议。现在看来,这段历史中,被告方的策略成功了,而控方的策略对实现他们的目标来说却是惨痛的。

商业中的策略制定对于生意的成败有非常重要的影响。从一开始,IBM 和苹果公司在如何从操作系统中获取最大利润这个问题上,就制定了完全不同的策略。IBM 选择了别人可以拷贝的开放系统。尽管这一策略助长了其操作系统被"克隆",但也随之带来了适用于 IBM 和 IBM 兼容型计算机软件的大量生产。IBM 的好运与其成功的营销策略密不可分,尽管这些策略也许并不总是最好的。另外,苹果公司决定创造一个专利的操作系统,并极力保护其专利权。结果,仅有很少的软件可以适用于苹果系统,因此它所占的市场份额大大下降。在推出了 iMac 计算机和 iPod 之后,苹果公司才开始从错误的策略中走出来。

上述这些例子证明,使用糟糕的策略会付出昂贵的代价,以下的例子也说明了这个事实。日本大和银行(Daiwa Bank of Japan)驻美的一个交易员在投资策略上出现错误,损失了 40 万美元。为了挽回损失,他决定重新思考自己的策略。很可能事先与银行高层职员串通好了,他对银行隐瞒了那笔失败的投资,并想方设法弥补损失。但他的努力并没有能够挽回损失,被银行发现的时候,损失已经高达数十亿了。当然,这个例子并非指责那家银行,只是用来说明策略错误的话会带来惨痛的后果。

❖ **课堂应用**

课堂应用的要点是,教师要鼓励学生在解决问题前,先做好解题的计划,鼓励学生深思熟虑,而不要冲动地解决问题。因此,教师应该鼓励学生在解决问题之前,先跟同学们讨论一下解题策略。教师还应当要求学生向其他同学征求关于自己策略优缺点的反馈信息。

本项技能结合八门学科应用举例如下。

语文（高中 — 大学）	教师鼓励学生决定：如果要读两本小说，一本读完后要用考查细节的选择题来检验理解程度，一本读完后用两页读书报告的方式来检查理解程度，那么分别应该采用什么样的阅读策略。
数学（初中 — 大学）	教师鼓励学生列出数学方程式求解运算的具体顺序[如，$(3x+2) \div 8 = 26$]。
科学（小学 — 大学）	教师鼓励学生列出一项理科实验的具体步骤。
社会（初中 — 大学）	教师鼓励学生制订一项计划：在写历史论文时，先参考哪些文献资料，然后再参考哪些文献资料。
外语（初中 — 大学）	教师鼓励学生评判，当一个单元中需要记忆的单词量比较多时，哪些词汇最有可能在考试中考到。
美术（小学 — 初中）	教师鼓励学生列出绘制一幅人体素描画时应采用的顺序。
音乐（小学 — 大学）	教师鼓励学生制定一个钢琴练习策略，为演奏会准备一首难度很大的钢琴曲。
体育（小学 — 大学）	教师鼓励学生想出一条可以在网球比赛中击败对手的策略。（比如，如果对手反手击球较弱，就将球打到他反手的位置上）

❖ **用心实践**

教师应该列出能与学生进行讨论的、有助于学生理解和应用策略制定技巧的五项活动。

第 5 课：监控问题解决的策略
LESSON 5: MONITOR PROBLEM-SOLVING STRATEGIES

目标技能：监控策略

（Targeted skill: Monitoring strategies）

提示词语：检查，回顾，监控，监视，反省，监察，评审，确定

（Prompt words or phrases: check, review, monitor, oversee, reflect, inspect, audit, make sure）

当一个人在解决问题时，他们应该对自己已经做过的事情时刻监测，对自己正在做的事情了然于胸，对还没做的事情也要经常核对。他们还应该检验所使用的策略是否有助于问题的解决。如此看来，监控策略伴随着解决问题的始终，以保证问题按照预想的方式解决。例如，写研究报告时，记住哪些资料已经参考过了，这是很重要的，因为这样就可以避免在资料的重复查阅上浪费时间。此外，还需要确定已经收集到了什么资料，以及还需要收集什么信息。

❖ **生活应用**

在人的一生中，监控策略的疏忽会造成令人更加心痛的失败。例如，在研究人际关系时，我（Sternberg，1998）惊奇地发现，竟然有很多人指出，他们伴侣的身上有令人难以忍受的缺点，这些缺点其实在他们决定共同生活前一直都有，却没有被发现；这些缺点是显而易见的，旁观者很可能一眼

就能看出。缺点一直就在那里,当时却没有在意,忽略了。换句话说,这些人在关系发展的进程中没能充分地进行监控。

各种组织也会因监控失败而付出昂贵代价。例如,美国中央情报局专门探测和监控信息,包括对极隐蔽的信息进行监控。2002年中情局发布全面的信息:在伊拉克发现大规模杀伤性武器。直到2004年这份所谓全面的报道才有了定论,在2003年3月美军入侵伊拉克时,萨达姆政权并没有储存大规模杀伤性武器,甚至也没有任何开始制造武器的迹象。

❖ 课堂应用

通常,学生交作业只会交他们最后的定稿。在撰写研究报告或论文时,教师可以鼓励学生把写作过程中的草稿都交上来进行监测,并对每一份草稿进行评价反馈。教师还应该要求学生针对自己如何改进工作提供自我反馈。

本项技能结合八门学科应用举例如下。

语文(小学 — 大学)	教师鼓励学生在读一本书时,确定该书的要点是否清晰。
数学(高中)	教师鼓励学生回顾一道几何题的证明步骤。
科学(高中 — 大学)	教师鼓励学生确保在化学课实验中遵循安全实验步骤。
社会(初中 — 大学)	教师鼓励学生监控世界上某个地区和平谈判的进程。
外语(初中 — 大学)	教师鼓励学生确定自己已经掌握了学好外语所需要的基本语法结构。

美术（小学 — 初中）	教师鼓励学生比较自己所画的肖像画与实物之间是否相像。
音乐（高中）	教师鼓励学生确定小提琴演奏的乐曲是否和谐。
体育（小学 — 高中）	教师鼓励学生确定采用某一种策略是否在与对手比赛时很管用。

❖ **用心实践**

教师应该列出能与学生进行讨论的、有助于学生理解和应用监控策略的五项活动。

第 6 课：评估解决方案
LESSON 6: EVALUATE SOLUTIONS

目标技能： 评估解决方案

（Targeted skill: Evaluating solutions）

提示词语： 评估，检验，价值判断，回顾，修改，修正

（Prompt words or phrases: evaluate, test, judge the worth of, review, edit, revise）

这一课涉及如何评估问题的解决方案，进行批判性分析：解决的方法是否正确？如果问题的解决不存在对错，那么这个方案好不好？这一阶段需要具有对反馈的敏感性和将反馈转化成行动计划的能力。在完成任务的过程中，会有很多内部的和外部的反馈信息。内部反馈来自个人对任务完成状况的自我觉察，而外部反馈主要来自于别人的看法。对反馈的敏感性是决定是否具有自我改进工作的潜能的一个主要因素。自我改进工作的能力与当前和未来完成任务的表现有关，也和问题的解决情况相关。

❖ 生活应用

如果学校能够更重视评估，那么教育就能立刻得到明显的改进。然而，只有为数不多的学校实施的项目、课程得到了严肃的评估；绝大部分并没有得到正式评估（Sternberg & Bhana, 1986）。今天，许多学校正在努力进行改革，但如果还像过去那样的话，这些改革中的学校也不会有几所能得到

充分的评估。

当然,评估在个人生活中也很重要。当评估会威胁到个人利益时,人们往往不愿去评估。例如,很多人长期维持着不理想的人际关系,当这种关系结束以后,这些人常常会说,在关系的存在阶段,他们不愿去认真评估这种关系,因为他们发现如果进行认真的评估似乎就意味着关系的结束。他们有时也会想结束这段关系的问题,但马上又会将这种想法抛开,因为深入考虑下去实在太痛苦了。他们认为,如果早点去认真考虑这种关系的话,他们可能早就摆脱那段痛苦的交往了。

评估对于国家事务和国际事务也很重要。例如,美国多年来一直对古巴采取贸易禁运和政治对立政策。这样做的目的,据说最初是为了推翻卡斯特罗(古巴共产党领导人,当时的政府国务委员会主席——译者注)政府。实际上,不管美国政府实行这些政策是出于什么目的,都没能推翻卡斯特罗政府。不管这项政策是否正确,几乎从没有依照最初的目标来对它进行过认真评估。

❖ 课堂应用

教师可以让学生评论自己和其他同学学习中的优缺点,以此来鼓励学生进行评估。教师应该向学生强调建设性评论的重要性。

本项技能结合八门学科应用举例如下。

语文(小学 — 大学)	教师鼓励学生自己校对一篇论文。
数学(小学 — 高中)	教师鼓励学生用常识来比较数学题的答案。(例如,不能找给顾客"负的"零钱)

科学（小学—大学）	教师鼓励学生在实验结束后比较实际结果与预期结果之间的差别。
社会（高中—大学）	教师鼓励学生检查一下自己的论文中是否有易于被持反对意见的人驳倒的论据。
外语（小学—高中）	教师鼓励学生在正式参加考试之前，对已学词汇先进行自我测试。
美术（初中）	教师鼓励学生评估一幅拼贴画作品，看看其是否能够给人带来愉悦感。
音乐（小学—高中）	教师鼓励学生去问其他同学对自己独唱表演的想法。
体育（高中—大学）	教师鼓励学生认真反思为什么会输掉一场摔跤比赛。

❖ **用心实践**

教师应该列出能与学生进行讨论的、有助于学生理解和应用评估解决方案方法的五项活动。

第 7 课：分析性思维的补充建议
LESSON 7: ADDITIONAL PROMPTS FOR ANALYTICAL THINKING

目标技能： 分析性思维

（Targeted skill: Thinking analytically）

提示词语： 分析，评估，比较和对照，判断，批评，评定

（Prompt words or phrases: analyze, evaluate, compare and contrast, judge, critique, assess）

本课提供了进行分析性思维教学的几条综合性建议，将解决问题的各个步骤加以综合，并提供给学生一些可以运用所有步骤来解决的问题。

语 文

- 教师可以请学生分析一句谚语或成语，并总结含义，如"亡羊补牢"（A stitch in time saves nine）。
- 教师可以让学生来评价郝思嘉（Scarlett O'Hara，玛格丽特·米切尔的名著《飘》中的女主人公——译者注）的话"明天又是新的一天"，并分析其深层含义。
- 教师可以鼓励学生比较和对照大卫·科波菲尔（David Copperfield，查尔斯·狄更斯的名著《大卫·科波菲尔》中的男主人公——译者注）和奥利弗（Oliver Twist，查尔斯·狄更斯的名著《雾都孤儿》中的男主人公——译者注）的性格特点。

◇ 教师可以向学生提问，汤姆·索亚（Tom Sawyer，马克·吐温的名著《汤姆·索亚历险记》中的男主人公——译者注）是如何说服他的朋友粉刷栅栏的，这种说服技巧是否可以在日常生活中使用。

数 学

◇ 教师可以向学生提问，如何分析加法和减法运算的相似之处。
◇ 教师可以要求学生分析下面这道应用题，并确定用什么公式来计算：如果一列火车的速度是每小时 120 千米，5 个小时它能行驶多少千米？
◇ 教师可以让学生评价一道几何证明题的对错。
◇ 教师可以请学生比较十进制和十二进制的异同。

科 学

◇ 教师可以鼓励学生分析实验数据，并判定它的科学含义。
◇ 教师可以让学生评估实验是否真正验证了实验假设。
◇ 教师可以要求学生评论日心说和地心说，并阐释其中的异同。
◇ 教师可以请学生分析月亮为什么不像太阳一样明亮。

社 会

◇ 教师可以让学生分析奴隶制在引发美国内战中所起到的作用。
◇ 教师可以让学生对杜鲁门在二战期间做出的向日本长崎投放原子弹的这个决策进行评价。
◇ 教师请学生比较和对照美国独立战争与法国大革命的异同。
◇ 教师请学生分析美国开国者誓要摆脱英国统治的原因。

外 语

◇ 教师请学生分析外语学习中某个句子的语法结构。
◇ 教师可以帮助学生评价下面这个法语句子,并纠正它的语法错误:C'est le vie.
◇ 教师可以要求学生比较和对照 ser 和 estar(西班牙语"to be"的两种形式),并说明它们之间的异同。
◇ 教师可以向学生提问,如何与一个听不懂你说的语言的小孩沟通交流,并与他交朋友。

美 术

◇ 教师请学生分析伦勃朗(Rembrandt, 1606—1669,文艺复兴时期著名画家——译者注)如何使用光在画中的逼真效果(如那种效果使光线看起来仿佛穿透了画面)。
◇ 教师让学生评价罗伊·利希滕斯坦(Roy Lichtenstein, 1923—1997,美国连环画画家——译者注)的绘画风格,分析讨论卡通画画家如何成为著名的严肃艺术家。
◇ 教师可以让学生比较和对照修拉(Seurat, 1859—1891,法国画家,新印象主义的奠基者——译者注)与雷诺阿(Renoir, 1841—1919,法国印象派画家——译者注)的风格和技术异同。
◇ 教师请学生探讨著名画家更愿意用颜料而不用蜡笔来画画的原因。

音 乐

◇ 教师可以鼓励学生分析一下为什么同样是伟大的作曲家,莫扎特

（Mozart，1756—1791，欧洲古典主义作曲家——译者注）的作品经久不衰，而萨列里（Salieri，1750—1825，意大利音乐家和作曲家——译者注）却未能取得不朽的成就。

◇ 教师请学生判断音乐对专注力是否有促进或干扰作用，并进行阐释。
◇ 教师可以让学生对古典音乐和摇滚音乐的异同进行评论。

体 育

◇ 教师可以让学生分析，要想打好网球，该采用怎样的动作姿势。
◇ 教师可以让学生分析和比较足球对抗赛中对手的优缺点。
◇ 教师可以要求学生评价网球巨星的打法和风格，并比较他们之间的异同。
◇ 教师请学生分析总结体育精神为什么很重要。

❖ 用心实践

教师应该写下五个例子，来说明在教学中如何运用这些综合的分析提示。

第五章

为创造性智力而教
Teaching for Creative Thinking

一位政治家和他的妻子一起在华盛顿一家特色法国餐厅进餐,服务员来到桌前问他的妻子要点什么开胃菜。"肥鹅肝酱饼。"她回答说。"那主菜要什么呢?"服务员又问道。她说:"烤里脊肉。"侍者又问:"蔬菜呢?""他要的和我一样。"政治家的妻子回答道。("蔬菜"一词在英语中也指生活呆板的人——译者注)

这个故事说明了三个问题。第一,虽然政治家可能不是很有创造力,但至少他的妻子是有创造力的;第二,创造性不是只有像达尔文、毕加索或海明威之类的伟大人物才有的品质,它是每个人都具有的;第三,创造就是一个决策。政治家的妻子通过简短的回答表达了她的创造性。

创造就是个决策。有创造力的人就像一个好的投资者:他们在思想的领域中低价买进、高价卖出。在这一章里,将具体阐述作为决策的创造性——"创造力投资理论",并给出 12 种技巧。教师可以用这些技巧来培养学生的创造力或培养自己的创造力。

创造力的投资观:低买高卖

创造力投资理论(the investment theory of creativity, Sternberg & Lubart,

1995a，1995b）认为，有创造力的思想者就像投资者一样，他们也低买高卖。只不过投资者是在金融领域，而创造者是在思想领域进行这项工作。创造者的思想就像价值被低估的股票（即价格与收益相比较低的股票），而这样的思想和股票通常都会遭到公众拒绝。当创造性思想提出时，常被看作是奇怪的、无用的，甚至是愚蠢的思想，因而受到忽视，提出者也经常会遭到猜疑，甚至讽刺和嘲笑。

创造性思想是新颖的、有价值的，但为什么会被人置之不理呢？这是因为创造性革新者向既得利益和大众的观点提出了挑战。人们不是恶意地或有意地拒绝创造性观点，而是没有意识到，也往往不愿意意识到创造性观念常常代表了一种有效的、优越的思维方式。人们通常都认为"反对现状"是让人讨厌的、令人不愉快的，所以，不理睬这些新思想才是明智的。

大量的研究证据表明，创造性思维常常遭到拒绝（Sternberg & Lubart, 1995a）。对一些著名的文学和艺术作品的最初评论通常都是负面的。托妮·莫里森（Toni Morrison，诺贝尔文学奖得主，美国人——译者注）的《柏油娃娃》（Tar Baby）初版时曾遭到批评，西尔维娅·普拉斯（Sylvia Plath，美国著名诗人——译者注）的《钟形罩》（The Bell Jar）也是如此。挪威画家爱德华·蒙克（Edvard Munch，挪威表现主义著名画家——译者注）在慕尼黑的首次作品展，开展当天就关闭了，原因是评论者给予了强烈的批评。一些最伟大的科学报告在出版以前，往往遭到不止一家杂志社的拒绝。著名的生理心理学家约翰·加西亚（John Garcia）提出经典条件反射不必经过多次学习就能形成，甚至经过一次学习就能形成，立即就受到了攻击（Garcia & Koelling, 1966）。

从投资的观点来看，创造者通过提出独特的思想而"低买"，然后就试图说服别人相信其思想的价值。如果说服成功，就提升了投资的价值，然后创造者通过将其思想不断地介绍给他人，就实现了"高卖"。尽管人们通常都希望别人赞同自己的思想,但是,如果一种思想很快就得到了普遍的赞赏,往往表明这种思想并没有多大的创造性。

在思想领域,通过"低买高卖"实现的创造性的培养,也是通过否认大众来实现的。创造性是能力问题,也是对生活的决策和对待生活的态度。在年幼的儿童身上常常能看到创造性,但是在年龄稍大的孩子或成年人身上却难觅其踪影。这是因为他们的创造潜能被某种鼓励"思想保持一致"的社会氛围压制了。当要求儿童在图画书的线条框内涂色(而不是让儿童自己随心涂鸦——译者注)时,他们身上的天然创造性就开始被压制了。本质上,教师是在为儿童做决策——这种越俎代庖的做法阻碍了儿童创造性的发展。

平衡分析性能力、创造性能力和实践性能力

本书讨论的创造性工作需要应用和平衡三种思维能力(Sternberg, 1985; Sternberg & Lubart, 1995a; Sternberg & O'Hara, 1999; Sternberg & Williams, 1996)。

分析性能力通常被认为是批判思维能力,人们用这种能力来分析和评价某种思想观点。每个人,即使是最具创造性的人,都有或好或坏的观点。如果分析能力没有得到良好的发展,创造性思想者就会像追求好的思想一样去追求坏的思想。创造者能运用分析能力弄清楚一种创造性思想的含义并加以检验。

创造性能力就是人们通常所认为的创造力,它是产生新奇而有趣的思想的能力。通常,有创造性的人都具有非常好的综合思考能力,可以在事物间建立联系,而没有创造性的人则无法自动地认识到这些联系。

实践性能力是将理论转化为实践,将抽象思维转化为实际操作的能

力。创造力投资理论的一个启示是，好思想不会自己出售。创造者需要运用实践性能力去说服他人相信自己的思想是有价值的。例如，每个组织都有一套思想理念，阐明应当如何处理事情，至少指明如何处理某些事情。一个新的程序必须使别人相信它比旧程序更好，这样才能售卖出去。实践性能力也可以用来辨认"拥有潜在市场的思想"。

真正的创造力需要分析性能力、创造性能力和实践性能力之间的平衡。只有创造性思维能力的人，也许可以想出标新立异的好点子，却意识不到自己的创新是有价值的，也不能推广这些创新性思想；只具有分析能力的人也许能透彻地批判他人的思想，但自己却不能产生创新思想；只有实践能力的人或许是个优秀的兜售者，却无法将没有价值或价值很小的思想或产品与那些真正具有价值的思想或产品区分开来。

教师应当让学生学会在分析性能力、创造性能力和实践性能力之间找到平衡，以此来鼓励和发展创造性。创造性态度至少和创造性思维技能同等重要（Schank, 1988）。大多数教师希望鼓励学生的创造性，却不清楚如何去做。以下是发展创造性的 12 种策略（Sternberg & Lubart, 1995a; Sternberg & Williams, 1996）。尽管这些策略并不相互独立，但我们将分开叙述它们，在每一课里叙述一种策略。策略的叙述是面向教师和学生的，同样也适用于教育管理者、父母及想发展自己创造力的人。

表 5.1　创造性思维的策略
◇ 重新界定问题
◇ 对假设提出质疑和分析
◇ 善于向别人兜售创意
◇ 萌发创意

（接上页）

- ◇ 不落俗套，跳出框框看问题
- ◇ 确定并克服障碍
- ◇ 承担合理的风险
- ◇ 容忍模糊性
- ◇ 建立自我效能感
- ◇ 发现真正的兴趣所在
- ◇ 延迟满足
- ◇ 为发挥创造力提供各种示范与便利

第 8 课：重新界定问题
LESSON 8: REDEFINE THE PROBLEM

目标技能：重新界定问题

(Targeted skill: Redefining problems)

提示词语：重新界定，重新表述，改变观点，再组织，回顾

(Prompt words or phrases: redefine, rephrase, change view, reframe, review)

重新界定问题就是拿到一个问题后换一个方式来看待它。很多时候人们面对一个问题却不知道该怎么解决它，就好像走进了黑匣子。重新界定问题，本质上就是让人们从黑匣子里走出来。

❖ **生活应用**

有一个故事可以很好地说明重新界定问题的重要性。这是底特律一家汽车公司的一位高管夫人所讲述的故事。这位夫人的丈夫在美国三大汽车公司之一的大公司里做高管，对自己的工作和收入都非常满意。不过，他不喜欢自己的上司，想着最好能换一个新工作，因为他再也无法容忍这位老板了。丈夫找到一家猎头公司，他们保证说可以很容易地为他找到一份新工作。后来他把想换工作的事告诉了妻子，那时妻子正好在讲授智力应用课程(Sternberg, 1986; Sternberg, Kaufman, & Grigorenko, 2007)中关于重新界定问题的单元。这位高管意识到他可以用妻子讲授的内容来

解决问题。于是他又来到了猎头公司，把他老板的名字给了这家公司。猎头公司为这位高管的老板找了一个新工作，而老板也欣然接受了这份新工作，并对这件事情的内幕一无所知。于是，这位高管得到了他老板原来的职位。在这个例子中，这位高管通过重新界定问题，做出了创造性决策。

❖ 课堂应用

教师可以通过多种方法鼓励学生自己定义问题和重新界定问题，而不要替他们完成这些工作。当教师鼓励学生自己去定义和重新界定问题与项目时，其创造力才会提高。教师想要鼓励学生的创造性思维，可以让他们自己选择论文或课堂陈述的题目，自己选择解决问题的办法，并且要告诉学生如果发现自己的选择有错误，可以重新选择。每学期至少应该允许学生自己选择一篇论文的题目，但要接受老师的评论，老师对题目的评论既可以确保学生所选的题目与所学课程相关，又能给学生一个体验论文写作如何确保成功的机会。教师可以用学生最初不适当的选题来教导学生研究项目成功的因素是什么。一个成功的研究项目必须：（1）适合课程目标；（2）能证明学生至少掌握了所学的部分知识；（3）能得到好成绩。如果一个题目离教学目标太远，就只能得低分，那么老师就会鼓励学生换一个题目。

教师不能总为学生提供选择，学生自己做选择是学会选择的唯一途径。一个真正的选择不是在画猫还是画狗之间做出选择，也不是在项目展示时选择美国的一个州做介绍。学生需要有一个选择的自由空间，以帮助他们培养自己的鉴赏力和良好的判断力，这两点是创造力的基本要素。

每个人在选择项目，或决定如何完成项目时都会犯错误，教师需要提醒学生创造力的一个重要部分就是分析能力，包括学会意识到自己所犯的错误。学生需要有犯错的机会，才能学会如何改正错误。

本项技能结合八门学科应用举例如下。

语文（初中 — 大学）	教师鼓励学生重新改写一个已经公开发表的故事，将原故事叙述的角度改为从故事中的另一个人物的视角来重写。
数学（小学 — 高中）	教师鼓励学生对某一道数学题从另外一个角度提出问题。
科学（大学）	教师鼓励学生思考科学家和实验员如何应用不同的形式来解释实验结果。
社会（小学 — 初中）	教师鼓励学生比较不同文化中表示"问候"的形式。
外语（高中 — 大学）	教师鼓励学生思考，英语和其他语言的语法差异对语言表达的结构差异产生了怎样的影响。
美术（小学 — 高中）	教师鼓励学生用两种完全不同的手段（如绘画和摄影 —— 译者注）来表现同一事物。
音乐（小学 — 初中）	教师鼓励学生比较：用两种不同的旋律配一段歌词，或者用一种旋律配两段歌词各有什么不同。
体育（小学 — 大学）	教师鼓励学生用两套不同的规则来开展同一项运动，如打棒球时运用两种不同的垒距。

❖ 用心实践

教师应该给出五个例子，来说明如何帮助学生练习重新界定问题的技能。

第 9 课：对假设提出质疑和分析
LESSON 9: QUESTION AND ANALYZE ASSUMPTIONS

目标技能： 质疑并分析假设
（Targeted skill: Questioning and analyzing assumptions）

提示词语： 如果……将会怎样，假设，质疑，怀疑
（Prompt words or phrases: what if, assume, question, doubt）

每一个人都会提出假设，但通常人们并没有意识到自己在提出假设，原因在于彼此的假设均是司空见惯、鲜有新意的。有创意的人善于质疑假设，并且最终能让别人也质疑这些假设。质疑假设是带有分析思维的创造性智力。

❖ **生活应用**

当哥白尼提出地球是围绕太阳旋转的观点时，人们都认为这是无稽之谈，因为大家看见的都是太阳在围绕地球旋转。伽利略所提出的一些新学说，包括落体运动的相对速度在内，都被教会认为是异端邪说。当一个人质疑某个系统运转的方式时，这个系统的领导者往往会不高兴。这些例子表明了对那些普遍认可的假设提出疑问的人必须面对的一个现实。所以，有时要等到许多年以后，人们才会发现那些原来得到普遍认可的假设是有局限的，或者根本就是错误的，而那些质疑的人，也就是创新者的思想才是有价值的。这些质疑者成为一种刺激力量，推动了文化、技术和其他方面

的进步。

❖ 课堂应用

教师应该在课堂中做出示范，提示学生善于在学习中区分已知和未知分别是什么。

当然，学生并不需要质疑每一个假设。有的时候，人们应该质疑，并试着去改造环境；而有的时候，人们应该去适应环境。一些有创造性的人，由于质疑太频繁，结果大家就不会再去认真对待他们提出的疑问。所以，每个人都要学会分辨哪些假设值得质疑，并学会挑选值得质疑的假设。这是创造性思维中的分析，是成功智力的一个重要方面。有时，最好将不重要的假设放在一边，这样当提出值得质疑的东西时，就容易被人们接受。

教师应该将提问和质疑作为平常课堂交流的一部分。对学生来说，知道提什么问题和怎样提问题，比知道答案更重要。教师要打破"老师只管提问，学生只管回答"的传统做法，让学生也来提问。教师要分析学生提的问题，以帮助他们学会评价自己所提出的问题。教师要避免坚持"老师的任务就是教给学生知识"这样的信念。通过帮助学生学会怎样提一个好的问题和怎样回答问题，让学生明白重要的是运用知识的能力。

教师很容易犯一个教学方法上的错误，即只注重让学生回答问题，而不让他们提出问题。教育者往往认为能迅速给出正确答案的学生就是好学生。这样的话，一个领域的专家就是一个善于讨巧的学生的翻版，所谓讨巧的学生就是知道许多信息并能倒背如流的人。杜威（Dewey, 1859—1952，美国哲学家、心理学家和教育家——译者注）则意识到，一个人怎样思考通常比他思考什么更重要（Dewey, 1933）。教师应该让学生学会怎样问一个合适的（优质的、令人深思的、有趣的）问题，不要只强调死记硬背。

本项技能结合八门学科应用举例如下。

语文（初中 — 高中）	教师鼓励学生思考为什么陈述句的主语应该置于动词之前。
数学（初中 — 高中）	教师鼓励学生思考为什么美国的计数制采用十进位制。
科学（小学 — 初中）	教师鼓励学生思考人在地球上的体重与在其他星球上的体重是不是一样。
社会（小学 — 高中）	教师鼓励学生思考为什么美国人在接电话或第一次见面的时候都要先说"你好"（Hello）。
外语（初中 — 大学）	教师鼓励学生思考是什么使一种语言成为某个人的外语。
美术（高中）	教师鼓励学生尝试绘制一幅三维立体画。
音乐（小学）	教师鼓励学生思考是否可以把一段对话看成是一首乐曲。
体育（小学 — 高中）	教师鼓励学生思考人们为什么喜欢为家乡的运动队加油。

❖ 用心实践

教师应该给出五个例子，来说明如何帮助学生提出假设并分析假设。

第10课：善于向别人兜售创意
LESSON 10: SELL CREATIVE IDEAS

目标技能： 推销创造性思想

（Targeted skill: Selling creative ideas）

提示词语： 劝说，说服，论证支持，提倡主张

（Prompt words or phrases: persuade, convince, argue for, advocate）

人们往往会认为自己精彩的创意闪耀亮眼，立刻就能显示出无比的价值。但是，事实恰恰与此相反，正像伽利略、爱德华·蒙克、托妮·莫里森、西尔维娅·普拉斯（Galileo, Edvard Munch, Toni Morrison, Sylvia Plath）等数百万的人所发现的那样，创意本身并不能自我兜售。许多创意在别人看来通常是离经叛道或者难以置信的，有创意的人也就被看成是这样的人。由于大家往往习惯于驾轻就熟，满足于现有的思维定式并且不愿担风险，所以要别人改弦更张并非易事。

❖ **生活应用**

便笺贴是一项独特的发明，人们可以将它贴在纸上，又能轻松地揭掉。而且这项发明还是一项巨大的商业成就。但很多人不知道，即使发明者表明如果这种便笺贴和纸之间的黏合度弱一些将会非常实用，但就在当时，想说服他的上级也非常困难。无独有偶，亚历山大·弗莱明（Sir Alexander

Fleming)发现可以用来生产青霉素的霉菌时,他的老板根本不相信这一发现会有任何商业价值。

❖ 课堂应用

学生需要学习如何说服别人欣赏其创意的价值,这是创造性智力的实践思维部分。如果学生完成了一个科学项目,教师应该要求学生公开展示或者汇报,以便让大家能够了解其价值所在。如果学生完成了一件美术作品,教师应该要求学生解释为什么他们认为这件作品有价值。如果学生设想了一个新的政府组织形式,教师应该让他们阐释为什么这个比现有的组织形式优越。有时,教师有必要向校长证明自己的教学理念,也要让学生做好准备去体验同样的经历。

本项技能结合八门学科应用举例如下。

语文(小学 — 初中)	教师鼓励学生说服一个同学阅读某一本书。
数学(小学 — 高中)	教师鼓励学生说服同学相信他提出的解题方法是正确的。
科学(初中 — 大学)	教师鼓励学生对某些科学数据进行解释,并说服别人赞同。
社会(初中 — 高中)	教师鼓励学生把自己想象成为一位总统候选人,并说服别人投票给他。
外语(高中)	教师鼓励学生回答为什么要学习外语。
美术(初中 — 大学)	教师鼓励学生说服别人欣赏自己创作的美术作品。
音乐(高中)	教师鼓励学生就"说唱音乐"(rap music)是否对青少年发展有利展开辩论。

| **体育（小学 — 初中）** | 教师鼓励学生设计一项运动，并说服别人相信这项运动是好玩的。 |

❖ 用心实践

教师应该给出五个例子，来说明怎样帮助学生在课堂推销自己的创造性想法。

第 11 课：萌发创意
LESSON 11: GENERATE IDEAS

目标技能： 萌生创意

(Targeted skill: Generating ideas)

提示词语： 产生，创造，发明，生产，制造，想出

(Prompt words or phrases: generate, create, originate, spawn, produce, think up)

创意有时不期而至，有时却又需要耗费大量时间。研究者对创意如何产生、由什么组成展开了研究。要想生成一个有价值的创意并非易事，但萌发创意的第一步就是无畏地去创造。所以教会学生如何解放思想、敞开胸怀，对生成创意保持热情尤为重要。

❖ **生活应用**

萌生各种想法已经成为日常生活的一部分，因为日常生活已经变得不同常规，让人要想办法去迎接这些不同常规。比如，一位游客最近想去瑞士的弗里堡（Fribourg）旅游，如果有直接到弗里堡的商业航线，那么旅行就会波澜不惊。但恰恰没有这样的航线，所以他要自己去想怎样到达目的地。可是身边没有地图，他怎样才能想出这种复杂问题的答案呢？于是，和所有遇到非常规情况的人一样，他开始想其他的办法。他先打电话给一家旅行社，可是回答是没有办法。接着，给一家航空公司打电话，但工作人员

也没能给他满意的答复。他又找到另一家航空公司，仍然被打回票。最后，他试着在互联网上查找各个网址，找到了弗里堡大学的网址，上面的地图显示离弗里堡最近的机场在日内瓦。这样他就知道自己该怎样去弗里堡了。这个例子的关键在于，虽然许多萌生的解决办法都不成功，但只要他一直都在不停地想办法，最终一定能解决问题。

❖ 课堂应用

有创造性的人往往具有"立法式"的思维风格，他们喜欢我行我素，自己制订计划，自己想办法去落实，不太愿意坐享其成（Sternberg, 1997b）。有利于萌发创意的环境应该听得到富有建设性的批评和质疑，而不应是刻薄的和破坏性的挑剔和指责。当然，学生也要承认，每个人的想法总有优劣好坏之分，所以，师生之间要齐心协力鉴别和鼓励有创意的想法。即使有的创意看起来价值不大，教师也不应该只是抱怨遗憾，而是要做到因势利导，发现闪光之处，提出改进建议，这是很重要的（这实际上也是重新界定问题的好时机）。只要学生提出了自己的想法，不管这些想法如何，教师都应该表扬他们，鼓励他们确定自己最好的想法，并将它形成为高质量的创意。

本项技能结合八门学科应用举例如下。

语文（小学 — 大学）	教师鼓励学生写一首诗歌。
数学（小学 — 大学）	教师鼓励学生编写一道数学应用题。
科学（小学 — 大学）	教师鼓励学生设计一项简单的实验。
社会（初中）	教师鼓励学生提出一套班级自主管理方案。

外语(小学—初中)	教师鼓励学生用代码的方法来编制一套交流方式(类似于儿童黑话 pig latin)。
美术(小学—高中)	教师鼓励学生自己安排一次静物写生活动。
音乐(小学—初中)	教师鼓励学生自己创作一首歌曲。
体育(小学—初中)	教师鼓励学生发明一项游戏活动。

❖ 用心实践

教师应该给出五个例子,来说明学生怎样在课堂上运用激发创意的技巧。

第12课：不落俗套，跳出框框看问题
LESSON 12: RECOGNIZE THE TWO FACES OF KNOWLEDGE

目标技能： 理解知识是把"双刃剑"

（Targeted skill: Understanding that knowledge is two edged）

提示词语： 防止故步自封，保持灵活性，避免坐井观天，保持观念的开放性

（Prompt words or phrases: prevent entrenchment, maintain flexibility, avoid getting boxed in, stay open-minded）

　　创造离不开知识。原因很简单，如果一个人不知道自己已经知道了什么，那么他就不可能超越现状。许多学生虽然提出了自认为是有创意的想法，但是实际上并没有被大家认同，因为别人早已见识过类似的了。教师有比较深厚的知识基础，所以相对于仍在学习基础知识的学生来说，在发挥创造性方面会更胜一筹。

　　另一方面，知识存量也可能成为萌发创意的拦路虎。虽然专家见多识广、学富五车，但是恰恰可能由此造成目光狭隘、思维僵化与故步自封，因为专家有时候也会钻进死胡同难以脱身。这种情况也可能发生在任何人的身上。例如，人们都习惯于说母语，可是有时也会发现母语是学习第二语言的最大干扰。如果人们已习惯于一门外语的思维方式，再学习新的思维方式就又会变得很难。对于美国人，西班牙语要比中文好学，因为西班牙语和英语的语言规律相似，中文却完全不一样，所以学英语时学到的很多知识可能

在西班牙语学习中会起到作用,但是在学习中文时却是很大的干扰。

❖ 生活应用

许多年前,我的一段私人经历正好可以说明"知识是把双刃剑"。我当时正在拜访一位住在海外的著名心理学家。旅行计划包括应邀参观当地的动物园。当我们路过灵长类动物馆时,正好那些动物正在进行"奇怪的不自然的性行为"。我赶紧转移了视线,但那位心理学家却没有。他在观察了一段时间后,根据他自己的智力理论对动物的性行为进行了分析。这让我感到非常惊奇。自从这次经历之后,我常常意识到知识和技能是一把双刃剑。尽管那位心理学家了解人类的智力,但他的智力理论与灵长类动物的行为毫不相关。

❖ 课堂应用

学习是一个终身持续的过程,它不会在达到某种程度的认可后就停止。如果一个人觉得自己已经无所不知了,那么就难以再表现出真正有价值的创造性了。每一个人都要认识到,教与学是一个双向的过程,不仅学生可以从教师那里学到很多东西,教师也可以从学生那里学到很多东西。教师拥有学生没有的知识,也正因为学生没有教师知道的多,他们拥有教师没有的灵活性。教师不应当自以为是,而应该通过教学相长,进一步提高自己的创造性。

本项技能结合八门学科应用举例如下。

语文(高中)	教师鼓励学生对文学作品中的人物设想出不同于作品中所描述的特征(比如,一个看上去乐于助人的、友善的人物,有不为人知的黑暗的一面)。

数学（小学—大学）	教师鼓励学生用一种新的方式来解答他已经做出的数学题。
科学（高中—大学）	教师鼓励学生对科学现象做出自己的解释。
社会（高中—大学）	教师鼓励学生提出一项新的当地政府服务计划。
外语（高中—大学）	教师鼓励学生采用新的表达方式来说外语。
美术（初中—高中）	教师鼓励学生思考漫画是如何对一些名人名画的惯用技巧提出挑战的。
音乐（高中—大学）	教师鼓励学生思考京剧的模式对西方的歌剧产生了怎样的挑战。
体育（小学—高中）	教师鼓励学生思考体育竞赛的真正价值是什么。

❖ 用心实践

教师应该给出五个例子，来解释如何帮助学生理解知识的两面性。

第13课：确定并克服障碍
LESSON 13: IDENTIFY AND SURMOUNT OBSTACLES

目标技能： 确定并克服障碍

（Targeted skill: Identifying and overcoming obstacles）

提示词语： 克服，征服，锲而不舍，不断尝试，坚持不懈，绝不放弃

（Prompt words or phrases: surmount, overcome, persevere, keep trying, persist, don't give up）

低买高卖意味着不随波逐流。那些敢于反潮流的人，即那些有创造力的人，几乎不可避免地会遇到抵制。问题不在于是否会遇到障碍，因为遇到困难是必然的事情。问题是，富有创造力的人在遇到障碍时有没有毅力坚持到底。许多人刚开始工作时，能做出一些创新，备受公众瞩目，可是后来却渐渐销声匿迹了。为什么那么多有前途、有潜力、有创造力的年轻人消失了？至少一个可能的原因在于他们觉得为坚持创新而遭受各种阻力和惩罚，这个代价实在太大了。有创造力的人往往愿意付出一时的代价，因为他们知道，从长远看这样做是值得的，不过一个有创意的点子的价值要被别人认可并受到重视，往往需要耗费很长的时间。

❖ 生活应用

我年轻时，曾对智力和智力测验很感兴趣，因为我曾经在智力测验中得分很低。七年级时，我认为做一项关于智力测验的科学研究肯定会很有

趣。我在当地图书馆的成人读物书架上找到了"斯坦福—比纳智力量表"（Stanford-Binet Intelligence Scales），并开始用它来测量同学的智力。不幸的是，一个同学将这件事情偷偷地告诉了他妈妈，于是，我被告到了学校。学校首席心理学老师威胁我说，如果我再把这本智力测验的书带到学校，这本书就会被烧掉。他还建议我去培养一些别的兴趣。如果我按照他当时说的那样去做，就根本不会在智力领域做出如此多的贡献，这些成绩对我本人，乃至对整个世界来说都意义非凡。学校心理学老师的做法对我来说是一个巨大的障碍，特别是我当时正处在少年时期。但是，我克服了这个障碍，这也使我更加确定了自己的兴趣所在和未来的专业方向。

❖ 课堂应用

为了让学生们知道不是只有他们才会遇到困难，教师应该向他们讲述自己、朋友和名人在创新时遇到的各种障碍。这些故事中应该要提到那些困难或障碍，如不愿提供支持的人、由于想法不太受欢迎而遭遇的低评、可能是极好的创意却也会遭到冷遇。为了帮助学生应对这些困难，教师要提醒他们，许多有创造性的想法在最开始都没有得到重视，要对创新充满敬重感，不要对别人的意见产生过多的顾虑。但是，教师应该知道，学生通常会依赖同伴的意见，一般很难降低同伴的影响。

只要学生努力去克服障碍，即使不怎么成功，教师都要表扬。教师要指出学生做得成功的方面，探究其原因，并且启发学生再遇到类似情况时，是否还有其他一些应对方法。教师可以使用头脑风暴法，让学生自由联想、讨论，为克服困难献计献策。还要让学生知道，有些障碍源于个人心理，比如对成绩的焦虑；有些则是外部因素造成的，比如别人对自己的创造力的消极评价。无论是内部还是外部因素，都要想方设法去克服它们。

本项技能结合八门学科应用举例如下。

语文（初中 — 大学）	教师鼓励学生采用一种可能会受到争议的独特方式来朗诵诗歌。
数学（初中）	教师鼓励学生对解乘法题的新方法和常规方法进行比较，并逐渐完善，使新方法能够有更高的效率。
科学（小学 — 高中）	教师鼓励学生对已经批准的实验程序进行复核，以便确保安全地进行一项新的实验。
社会（初中 — 大学）	教师鼓励学生对某个历史事件提出与众不同的解释。
外语（初中 — 大学）	教师鼓励学生不要轻易放弃学好一门外语。
美术（小学）	教师鼓励学生坚持不懈地完成一项艰巨的绘画创作。
音乐（小学 — 初中）	教师鼓励学生坚持练习一首难度较大的新歌。
体育（小学 — 高中）	教师鼓励学生为备战一场运动会坚持训练。

❖ **用心实践**

教师应该给出五个例子，来说明怎样在课堂上帮助学生发现障碍并克服困难。

| 成功智力教学

第 14 课：承担合理的风险
LESSON 14: TAKE SENSIBLE RISKS

目标技能： 理智地承担风险

（Targeted skill: Taking risks sensibly）

提示词语： 理智承担风险，尝试新方法，探索未知领域，抓住机会

（Prompt words or phrases: take sensible risks, try new approaches, venture into the unknown, take a chance）

当人们在创意方面表现出投资行为（即"低买高卖"）时，实际上就是承担着同其他投资行为一样的风险。这些投资很可能没有回报。而且，不随波逐流即意味着有可能成为众矢之的。尽管挑战大众，但这样做或多或少都有它的合理性。在发挥创造性时人们要承担合理的风险，由于提出新思想，开创新局面，最终他们还是会受到别人的尊敬。而在承担风险的时候，他们也会犯错误、失败，甚至颜面扫地。

❖ **生活应用**

几乎每一个重大的发现或发明都要承担一些风险。过去，当人们想看电影时，只能到电影院去看，有人就萌发了发展家庭录像产业的想法。但是也有人质疑人们是否会愿意在一个小屏幕上看电影。另一个大胆的创意是家庭电脑。当时的人们都很诧异，家庭电脑究竟是否那么有用，值得为之付出昂贵的费用。虽然这些在当时都是冒险的想法，但是在当今的美

国社会已经根深蒂固。

决定研究智力是我在担任助理教授时做出的一个冒险的决定,因为这个主题是心理学界内一个不为人们看重的领域。在我申请终身教授职位时,我注意到,学校收到了一些信件,质疑为什么要把终身教授职位授给这样一个研究处于边缘的、不为人重视的学科的人。我也曾怀疑把智力列为自己研究工作的领域是否是个错误。事实上,我可以做同样的研究,但把它列在"思维"或"解决问题"这些享有盛名的领域。于是我向一位受人尊敬的导师寻求意见。这位老师告诉我,当时他到耶鲁大学来,也是想在观念上有所创新,而他确实做到了。他劝我说:"现在你的决定可能会使你失去工作,这确实是一个风险,但现在你能做的事情就是做你正在做的一切。如果这个领域的研究对你意义重大,即使它可能使你失去工作,也应该继续下去,就像你现在所做的一样。"我理智地承担了这个风险,至今,我并没有因此而丢了工作。但是在其他方面,我也做了一些冒险的行为,却没有达到预期的效果。所以,在做出冒险的决定时,人们必须要意识到有些风险是没有回报的,这就是从事创造性工作需要付出的代价。

❖ 课堂应用

虽然承担一定的风险是必要的,但是这种风险不是拿自己的身体甚至性命开玩笑。为了帮助学生学会理智地承担风险,培养风险评估的意识,教师应该鼓励他们在课程、活动和老师的选择上进行理智的冒险。

很少有学生愿意在学校中承担风险,因为这种风险会让人付出极大的代价。考试得高分和循规蹈矩的论文通常都能得到表扬和光明的前途。如果不能达到这种标准就会被认为缺乏能力、缺乏动机,会受到责备并失去许多机会。学生不希望冒这个险去学习很难的课程,或提出老师不喜欢的观点,因为这些行为可能使自己得分很低,甚至不及格。如果一个教师在布置作业时不提供任何选择的机会或者只偏好某些答案,那就意味着他在有意无意地鼓励学生放弃风险决策。如此看来,教师不仅要鼓励学生承担合理的风险,而且要给予这样的行为以实际奖励。

本项技能结合八门学科应用举例如下。

语文(小学 — 初中)	教师鼓励学生在两本书中选择难度更大的那本进行阅读。
数学(高中)	教师鼓励学生尝试解决一道看上去较难的几何证明题。
科学(高中 — 大学)	教师鼓励学生对已经发表的一项实验结果进行质疑。
社会(小学 — 高中)	教师鼓励学生讲述他们国家内发生的一些离谱的事情。
外语(高中)	教师鼓励学生在去其他国家旅行时,先学习一些基本的词汇与常用语,以便能够同当地人交流。
美术(小学 — 高中)	教师鼓励学生学会使用一种较难掌握的绘画工具。
音乐(初中 — 大学)	教师鼓励学生尝试在大型音乐会上进行表演。
体育(小学 — 高中)	教师鼓励学生在棒球赛中选一个新的位置来进行比赛。

❖ 用心实践

教师应当给出五个例子,来说明如何帮助学生在课堂上练习承担合理的风险。

第 15 课：容忍模糊性
LESSON 15: TOLERATE AMBIGUITY

目标技能： 容忍模糊性

(Targeted skill: Tolerating ambiguity)

提示词语： 容忍，允许，同意，坚持，忍耐

(Prompt words or phrases: tolerate, allow, consent to, endure, put up with)

创造性想法往往以零散片段的方式显现，并且要有一段很长的时间才能清晰起来，进入到这一阶段前常常会让人坐立不安。如果匆忙下结论或者难以容忍模糊性，人们就会半途而废或者与最佳解决方案失之交臂。

❖ **生活应用**

人们总是喜欢事情黑白分明，一个国家要么好要么就是坏（同盟或仇敌），一种教育理念要么赞不绝口要么一无是处。问题是，创造性活动中有许多灰色地带。创作新画的艺术家，或创作新书的作家，经常感觉自己的思维是零乱的、模糊的，他们也需要清楚自己是否还在正确的轨道上。科学家常常不太确定自己建立的理论是否确凿无误，他们需要容忍模糊和不确定性，直到完全确证。试图增进人际关系时，会经常发现双方关系发生某种变化以后，紧跟着有一段令人难耐的模糊时期。他们或许受不了这种模糊，而退回到原来的起点，但要是能容忍这种模糊性，时间长了，这种变化就能更为稳固，人际关系就会好转了。

❖ 课堂应用

容忍模糊性并非易事。当一个学生有了差不多的论文题目，或者刚做了个大概的科学实验计划，教师还是先接受下来为好。要帮助学生成为有创造性的人，教师应该鼓励学生接受模糊时期，并且延长创意的磨合期，将不确定性与进退两难看成是创造性活动不可分割的一部分。只要坚持不懈，最终总能够从模糊走向清晰，提出更好的观点。

本项技能结合八门学科应用举例如下。

语文（初中 — 大学）	教师鼓励学生修改原来结构不太清晰的故事情节。
数学（小学 — 大学）	教师鼓励学生尝试解决一道大家从未解决过的难题。
科学（小学）	教师鼓励学生弄懂是什么引起植物生长。
社会（高中 — 大学）	教师鼓励学生思考美国为什么会卷入伊拉克战争。
外语（初中 — 大学）	教师鼓励学生依据上下文情境来领会词义。
美术（小学 — 初中）	教师鼓励学生体会一幅很抽象的现代绘画作品的价值。
音乐（初中 — 大学）	教师鼓励学生理解为什么有人会喜欢那些震耳欲聋的音乐。
体育（小学 — 初中）	教师鼓励学生运用新规则进行他们原本熟悉的运动项目，比如，用新规则踢足球。

❖ 用心实践

教师应当给出在课堂上鼓励学生容忍模糊性的五个例子。

第16课：建立自我效能感
LESSON 16: BUILD SELF-EFFICACY

目标技能： 建立自我效能感

(Targeted skill: Building self-efficacy)

提示词语： 相信自己有能力(1)完成工作,(2)做需要做的事情,(3)有效地工作,(4)实现目标

(Prompt words or phrases: believe in your ability to (1) get the job done, (2) do what you need to do, (3) work effectively, (4) achieve your goals)

日常生活中人们经常会发现自己做的事情得不到别人的信任、肯定或者欣赏。由于创造性工作往往难以得到别人的全情接受,那么,坚信自己创造性工作的价值,这一点对有创造力的人来说至关重要。这当然不是说要相信自己的每一个创意都是精彩纷呈的,而是说要相信自己具备总有一天会脱颖而出的能力。

❖ **生活应用**

当人们开始某个项目时,有时会突然发现自己手足无措,因为这个项目看起来如此庞大复杂,简直不知道该从何处着手,该怎样着手。所以,人们这时就会觉得没有能力做下去。解决这种茫然无序的一个好办法就是从最小或者最简单的步骤开始,接着下一个最小或最简单的步骤,如此一

步一步地继续下去。这样,他们就可以向自己证明,自己确实能够完成工作,从而增强自我效能感。事实上,项目就这样顺利地开展起来了。

❖ 课堂应用

一个学生能做好什么主要取决于他认为自己能做什么。所有学生都具有创造的能力,并能从中体验创造新事物的乐趣,但他们首先必须坚信自己具有创造力。有时,教师和父母向学生传达的信息中可能表达或者隐含了对他们的限制,因而无意间限制了学生的能力。其实,教师和父母应当帮助学生相信自己的创造能力。

预测学生成就的最好指标也许不是他们的能力,而是他们对自己一定能成功的信心。如果鼓励学生成功,并相信他们具有取得成功的能力,学生很可能就会成功,而不会与成功失之交臂。

本项技能结合八门学科应用举例如下。

语文(初中 — 大学)	教师鼓励学生阅读一本有一定难度但又可以读懂的书,以便产生一种理解上的胜任感。
数学(高中)	教师鼓励学生尝试解决能额外加分的三角函数难题。
科学(高中 — 大学)	教师鼓励学生坚持做一项物理实验,直到成功为止。
社会(高中 — 大学)	教师鼓励学生深信自己最后能够理解美国的司法体系,并向同学们讲解。
外语(小学 — 大学)	教师鼓励学生提高一周中能掌握的外语词汇数量。
美术(初中 — 高中)	教师鼓励学生选择一种比较难的主题来进行雕刻练习。

音乐（小学 — 大学）	教师鼓励学生相信通过自己的刻苦训练就可以演奏高难度曲目。
体育（高中 — 大学）	教师鼓励学生将田径课的期末目标定为能跑完半程马拉松。

❖ 用心实践

教师应给出五个例子，来表明在课堂上如何培养学生的自我效能感。

第 17 课：发现真正的兴趣所在
LESSON 17: UNCOVER TRUE INTERESTS

目标技能：识别一个真正的兴趣

（Targeted skill: Recognizing a true interest）

提示词语：发现自我，发现你究竟是谁，发现你的热情，知道该做什么，知道该何去何从

（Prompt words or phrases: find yourself, discover who you are, uncover your passion, know what to do and where to go）

为了激励学生在创造性方面有最佳的表现，教师可以帮助他们发现自己的兴趣所在。这是一件因人而异的事情。无论是在工作还是生活中，无论是在职业领域还是非职业领域，那些在自己的领域中真正具有创造性的人，都真诚地热爱他们正在做的事情。当然，最有创造性的人常常受到内部动机的激励（Amabile，1996）。缺乏创造性的人常为了名利选择职业，但是他们会感到枯燥无味，甚至讨厌这份工作，因此也就不可能出类拔萃。

❖ 生活应用

我生活中的一个例子可以很好地说明什么是做事的激情，尽管提到的人物并不恰当。我的儿子赛思很小的时候想弹钢琴，我感到很高兴，因为我自己喜欢钢琴，也会弹钢琴。但赛思练着练着就不弹了，之后就彻底放弃了。没过多长时间，赛思告诉我，他决定去吹小号。我对于此事表示否定，

我告诉赛思,因为之前放弃了弹钢琴,这次很可能小号也学不长。

我随后也做了反省,自己为什么会如此苛刻。我很奇怪自己怎么能够说这样的话。但马上我就明白了,如果是别人的孩子想学吹小号,那没问题。但我无法想象自己的孩子去吹小号,这并不符合我理想中斯腾伯格之子的形象。我意识到是自己目光短浅,已经与自己平时的教育理念背道而驰,说一套,做另一套。我立即纠正了自己的错误,赛思开始学习小号。

最后,事实是赛思还是放弃了小号。寻找真正的兴趣是个充满挫折的过程,赛思最终还是找到了自己喜欢做的事。几年之后,他上了大学,并开始了两门生意。做生意?我的儿子?赛思在做他真正喜欢的事情,至于我是否喜欢无关紧要。2007年,赛思俨然已经成为一名企业家了——这是他的选择,而非他父亲的选择。

❖ **课堂应用**

帮助学生发现他们真正喜欢做的事情常常是件困难而充满挫折感的工作,但此时与学生一起分担挫折总比以后让他们独自面对要好。为了帮助学生发现他们真正的兴趣,教师可以请他们在班上展示一项自己特殊的才艺或本领。教师必须解释清楚,做什么并不重要(在合理范围内),重要的是做他们所喜欢做的。

和学生一起工作时,帮助他们找到兴趣所在是很重要的,即使这件事情在他人看来并不十分有趣。热情是富有感染力的,其他人也会经常被吸引到新领域的探索中来。

通常,学生进入某个领域并非出于自己的兴趣爱好,而是出于父母或具有影响力的人物对他们的期望,就像我期望赛思弹钢琴一样。对学生而言,这实在是一件很可悲的事情,因为尽管他也可能胜任那个领域,但几乎可以肯定他难以成大器。一个人对工作不感兴趣却想出类拔萃,那是一件很困难的事情。

本项技能结合八门学科应用举例如下。

语文（小学 — 初中）	教师鼓励学生选出自己最喜爱的作家。
数学（初中 — 高中）	教师鼓励学生找出数学在体育运动中的应用。
科学（小学 — 大学）	教师鼓励学生围绕着自己感兴趣的问题设计一项科学课题。
社会（小学）	教师鼓励学生设计一张海报来宣传他特别欣赏的一位总统的成就。
外语（初中 — 大学）	教师鼓励学生找出一个他自己真正感兴趣的国家的文化，并鼓励学生学习这个国家的语言。
美术（初中）	教师鼓励学生用自己真正喜欢的一位画家的风格来创作一幅画作。
音乐（小学 — 高中）	教师鼓励学生将自己喜欢的音乐光盘带到班上来与同学们分享，并向大家说明为什么会喜欢这样的作品。
体育（小学）	教师鼓励学生设计一种引人入胜的体育运动项目。

❖ 用心实践

教师应给出五个例子，来阐明在课堂上如何帮助学生发现自己的兴趣所在。

第18课：延迟满足
LESSON 18: DELAY GRATIFICATION

目标技能：延迟满足

（Targeted skill: Delaying gratification）

提示词语：等待，延迟，推迟，延后，搁置，拖延

（Prompt words or phrases: wait, delay, defer, postpone, put off, procrastinate）

创造性的真谛之一是指要在某个项目或任务上持久投入而无法得到即时回报和中期奖励。有创造力的人必须知道，回报并非总是唾手可得，延迟满足好处多多。当人们从事创造性工作时，通常会受到一时的冷遇甚至惩罚。学会创造，一条重要的原则就是要学会等待回报，坚持越久，回报就越大。

❖ **生活应用**

我自己等待的最大回报还没有到来！几年前，我同一个出版社签约，开发出一套智力测验题，这套测验的理论基础就是本书所用到的智力理论（Sternberg，1985）。事情进展顺利，但出版社新总裁上任后不久就取消了这个项目。出版公司认为一套以分析能力、创新能力和实践能力为理论基础的智力测验题市场利润不大，但我并不赞同。

不论谁对谁错，我和格里戈连科最终决定，想让这套智力测验题问世，

就得自己去做，通过传统的出版公司是行不通的。直到现在，我们仍在为这套智力测验题能出版做不懈努力。延迟满足是一种非常艰难的体验，但我们依然身体力行自己的理论——也因此等待着有一天，这套智力测验题能够真正地影响学习者一生。

❖ 课堂应用

教师可以给学生举一些自己的，或是其他创造者生活中延迟满足的例子，帮助学生把这些例子应用到自己的生活中。

许多人认为应当给予学生及时的奖励和赞赏。只要学业表现出色，就应该期望着各种奖励。其实这种教学和培养模式是以牺牲长远利益为代价的，只是看到了短期效应。备尝艰辛并不总是能带来即时回报。学生不会立即成为杰出的篮球运动员、舞蹈家、音乐家和雕刻家，成为各行各业的行家里手或者精英人物，这种回报是遥远的，所以学生往往会屈从于眼前的诱惑——看电视或打游戏。那些成大事立大业的人都是不计较一时一事得失，用耐心等待回报，用毅力去战胜长期等待，并能意识到严峻的挑战不可能在短期内出现的人。九年级的学生可能还感受不到努力学习的好处，但是等他们申请大学入学的时候，良好学业成绩的优势就显露出来了。

学校布置的练习作业大部分注重短期效应，对帮助学生认识延迟满足的好处无所裨益。做课题能更好地培养学生为获得长期回报而必须持之以恒付出努力的耐心，但是如果教师对家长是否积极参与和支持配合没有信心，就很难下决心布置这样的课题任务。当学生花上数周甚至数月完成一个课题时，他们才能认识到为获得长期回报，不断努力是有价值的。

本项技能结合八门学科应用举例如下。

语文（初中 — 大学）	教师鼓励学生以分段创作的方式来完成一项长篇的写作任务。
数学（高中）	教师鼓励学生将比较复杂的方程分解为简单易懂的方程组块，逐步将结果转换代入，最终完成难题求解。
科学（小学 — 初中）	教师鼓励学生每天记录鳄梨树（avocado）的生长情况。
社会（高中）	教师鼓励学生在研究二战各个参战部队的具体情况后，再来解释某一次战役的胜负。
外语（初中 — 大学）	教师鼓励学生思考掌握一门外语对自己的长远发展有什么好处。
美术（小学 — 初中）	教师鼓励学生承担一项比较费时费力的艺术创作项目（如耗时一个学期，期末时完成）。
音乐（初中 — 大学）	教师鼓励学生持续操练一首曲子，直到娴熟为止。
体育（小学 — 大学）	教师鼓励学生为准备参赛刻苦训练。

❖ 用心实践

教师应给出五个例子，来说明如何帮助学生培养延迟满足。

Teaching for Successful Intelligence:
To Increase Student Learning
and Achievement

| 成功智力教学

第 19 课：为发挥创造力提供各种示范与便利
LESSON 19: MODEL CREATIVITY

目标技能：创造力示范

（Targeted skill: Modeling creativity）

提示词语：示范，举例，证明，发展，提示，鼓励

（Prompt words or phrases: model, exemplify, demonstrate, develop, promote, encourage）

每一个环境中都有很多途径可以培养创造力（Sternberg & Williams，1996）。本课旨在让教师示范创造力，学生也可以在课堂上向大家展示自己的创造力。

❖ **生活应用**

给学生留下最深刻印象的不是那些满堂灌的老师，而是那些思想上、行为上被学生视为榜样的老师，这样的老师既教学生知识，又培养学生如何思考，能够在两者之间找到平衡。例如，我曾经说过，我永远不会忘记在七年级时给我上社会学课程的老师。还记得他上第一节课时，先问学生是否知道什么是社会研究。当然每个人都点头表示自己知道，但是老师却用了三节课来解释社会学到底是什么。

另一位教师在课堂上要求学生确定一种政府组织模式，并把这种方式用到班级管理中。学生饶有兴趣地讨论了不同的政府组织模式，以及各种

| 110

模式的优点和缺点,然后他们选择了一种(改良了的民主制度)来实行。教师并没有告诉学生各种制度的优点和缺点,而是让学生自己来寻找答案。

人们在探讨培养创造力时,会问究竟应该去做什么。为了在创造性方面为学生做出榜样,教师应该身先示范,创造性地思考和行动,细细掂量创造力的价值、目标和理念,并且将其落实在日常的教学活动中。

❖ **课堂应用**

下面有一些技巧,教师可以运用它们来提供一个促进创造性思维形成的环境。

表 5.2　在课堂中支持创造性思维

◇ 提供榜样示范

◇ 学会跨界思考 —— 跨学科思考

◇ 留有创造时间

◇ 指导并且评估创造性

◇ 奖励创造性

◇ 奖励为创造做出的努力

◇ 鼓励协同努力

◇ 学会从别人的视角看问题

◇**提供榜样示范**。教师培养学生创造性的最有力的途径就是现身说法,榜样示范。要发展儿童的创造性,只要求他们去做什么是不行的,要让他们看到该怎样做。如果教师在行动中表现出创造性思维,学生自然也会照着样子去创新。带头示范是教师可以采用的最有力的影响手段。

◇**学会跨界思考 —— 跨学科思考**。传统的学校环境是以不同的学科

成功智力教学

划分教室和班级的。这会让人产生错觉，各个科目就像是一个个毫不相关的盒子（数学盒子、社会学盒子和科学盒子）。然而，创造性思想和见解往往来自于跨学科知识的整合，而不是对单科知识的背诵和记忆。应该教育学生根据他们的技能、兴趣和能力进行跨学科思考。比如，如果学生理解数学有困难，教师就应该要求他们结合自己特定的兴趣来设计数学测验题，这意味着可以让棒球迷根据棒球比赛的特点来设计几何学的试题。这样做很容易激发出创造性，因为学生会发现这样的题目（棒球）很有趣，也就摆脱了对几何科目的焦虑。跨学科思考可以激发学生的兴趣，去学习以抽象概念教学为主的学科。

教师在课堂上培养学生的跨学科思维，可以先让学生确认他们最好和最差的学科，然后帮助他们从优势学科借鉴思想，来制订劣势学科的学习计划。例如，学生可以通过对国家政策趋势的科学分析，将他在科学上的兴趣运用到社会学科目上。

◇ **留有创造时间。**美国是一个高速运转的社会。美国人吃快餐，从一个地方赶到另一个地方，追求速度。因此，要是夸一个人很聪明，就说他很快（Sternberg, 1985），这的确很明显地表明了美国人对时间的重视。看看那些标准化测验的设计吧——要在短时间内完成那么多选择题。然而，大多数创造性的灵感是不会在匆忙中闪现的（Gruber & Davis, 1988）。理解和处理问题都需要时间。如果要求一个人进行创造性思考，就要给他时间。如果考试卷中堆砌了太多的问题，学生答不完，或者给学生布置的家庭作业多得做不完，他们就没有时间进行创造性思考。

◇ **指导并且评估创造性。**如果考试只采取选择题的形式，那么，学生很快就能学会应对这种考试的思维方式，而不管题目到底在说什么。为了鼓励创造性，教师至少应在作业和考试中给学生一些可以进行创造性思考的机会。教师可以问一些既需要记忆事实，又需要分析思维和创造思维的问题。例如，可以要求学生学习一种法律知识，并对之进行分析，还要去思考怎样改进这种法律。

◇**奖励创造性**。教师只对创造性的好处高谈阔论是没有用的，学生已经习惯于权威人物说一套做一套。但是对于教师给的评价或是评分，尤其是触及他们能接受的底线时，他们会特别地敏感。教师要运用实际行动证明对创造性的赞赏和奖励，否则学生就会十分现实，只追求考试分数。

◇**奖励为创造做出的努力**。除了奖励创造性之外，教师还需要奖励为创造所付出的努力。例如，教师可以布置一次作业，并提醒学生，他们要充分展示自己对知识的掌握，发挥自己的分析能力、写作技巧和创造性。学生要理解是否有创造性不在于教师是否赞同他们写什么，而在于他们的观点是否能够结合已有的结论和自己的独特见解。教师只需要从学生的视角看这种观点是否有创意，而不必太在意是否真正有创新，因为学生的新想法实际上往往已由别人提出过了。

许多教师抱怨他们不能像评判选择题和简答题那样，对创造性的答案进行客观的评判。的确，在评判这些问题时，要在客观性方面做出一定的牺牲。然而，研究表明，评价者对创造性的判断，往往非常一致（Amabile，1996；Sternberg & Lubart, 1995a）。如果评价的目标是引导学生，就算老师在评价创造性答案时有一点儿不客观，也要比题目缺少创造性但评价更为客观的情况更好。教师要让学生明白，评价创造力是不可能绝对客观的。

◇**鼓励协同努力**。创造性通常被视为孤独的职业——作家独自一人在工作室里写作，画家在单独的房间里画画，音乐家在狭小的音乐室里无休止地练习。但是实际上，人们通常需要在团队中一起共事，通过协同努力来激发创意。教师应该鼓励学生同有创意的人共同合作，学会创造。

◇**学会从别人的视角看问题**。与人共事同铸辉煌的一个重要条件是要学会从别人的视角看问题。学会了从不同的视角看世界，天地就会更加宽广。要鼓励学生懂得理解、尊重和回应别人的看法。这一点很重要，许多聪明而且有创造潜力的学生为什么最后难以成大器，就是因为他们的实践性智力没有形成（Sternberg, 1985, 1997a）。他们在学校里和考试中都表现得很好，却未学会如何与别人相处，也不会从别人的角度想问题、从别人的视角看待自己。

本项技能结合八门学科应用举例如下。

语文（初中 — 高中）	教师鼓励学生依据自己的喜好写一篇短故事。
数学（高中）	教师鼓励学生依据自己感兴趣的运动项目编写一些数学题。
科学（小学 — 初中）	教师鼓励学生开展讨论，如何将科学看成是一种艺术，尤其是像泡沫塑料（聚苯乙烯）这样的新材料合成之后，对艺术产生了什么样的影响。
社会（初中 — 高中）	教师鼓励学生讨论服饰是如何反映特定时代的文化导向的。
外语（初中 — 大学）	教师鼓励学生用学到的外语创作一则喜剧小品。
美术（小学）	教师鼓励学生自选题材制作一个泥塑模型。
音乐（小学 — 初中）	教师鼓励学生为一首老歌重新填词。
体育（小学 — 初中）	教师鼓励学生发明一项专门锻炼某组肌肉的新的体育运动项目。

❖ **用心实践**

教师应给出五个例子，来说明在课堂里如何示范创造性。

第20课：创造性思维的补充提示
LESSON 20: ADDITIONAL PROMPTS FOR CREATIVE THINKING

目标技能：创造性

(Targeted skill: Creativity)

提示词语：创造，想象，假如……那么……，发明，发现，构想

(Prompt words or phrases: create, imagine, suppose... then..., invent, discover, formulate)

在本章，斯腾伯格等研究者(Sternberg & Lubart, 1995a, 1995b; Sternberg & Williams, 1996)提出了培养学习者创造性智力的12种具体策略。然而，教师需要记住，创造力的培养不是在高中或大学毕业时就结束了，而是一个终身发展的过程。一旦形成了一个重要的创意，就很可能将它作为事业的追求。但是，如果总想着下一个新点子肯定没有先前的想法好，或是纠结现在的成功可能随着新想法的出现而消失，那么这种情况是可怕的。其结果是使人变得自以为是，不再去创造性地思考了。教师和管理者最容易犯这样的错误，他们可能会成为自己经验的受害者，被以前的思维方式束缚，尽管这些思维方式在过去是有效的，但在未来却不管用了(Frensch & Sternberg, 1989)。创造，意味着跳出自己或他人设定的圈子，用一生的努力坚持下去。

教师在教学中可以运用以下培养创造性思维的补充方法，这些方法需要很广泛的背景知识，并需要运用许多创造性思维的技巧。

语 文

- 教师可以鼓励学生创作一首诗。
- 教师可以让学生尝试着给一部文学著作设置另一个现代的结尾,如《呼啸山庄》(*Wuthering Heights*)。
- 教师可以请学生想象假如语言没有语法,对人们沟通的情境会有什么影响。
- 教师可以让学生讲一个原创的故事。

数 学

- 教师可以请学生发明新的运算规则,并解释如何应用。
- 教师可以鼓励学生想象,如果数学突然从现实生活中消失,会对社会产生什么影响。
- 教师可以请学生讨论,如果人们用罗马数字做所有的数学题,社会将变成什么样。
- 教师可以让学生体验模块化的"时钟算术"运算。

科 学

- 教师可以让学生提出自己的理论,解释天空为什么是蓝色的。
- 教师可以请学生想象,如果地球上的臭氧层以现在的速度减少,100年后地球会怎样。
- 教师鼓励学生评估在引力是地球引力两倍的另一个星球上,生活是什么样子。
- 教师可以让学生想象宇航员在外太空的生活会面临怎样的挑战。

社 会

- 教师可以鼓励学生仿照（不是照抄）已有宪法，为一个新国家制定一份新宪法。
- 教师可以让学生想象，如果没有美国 1776 年独立战争的胜利，美国现在是什么状态。
- 教师可以让学生假设，如果纳粹德国获得二战的胜利，世界现在的样子。
- 教师可以让学生建立一个班级政府。

外 语

- 教师鼓励学生创作外语幽默短剧，来表现一个美国公民第一次到达法兰克福机场的场景。
- 教师让学生们想象假如全世界只说一种语言，将会是什么样的。
- 教师可以让学生评论如果生活在法国南部的乡村，生活会有什么不一样。

美 术

- 教师让学生根据自己的选题，创作一件雕塑作品。
- 教师让学生想象他们自己创作了有独特风格的绘画，并分析这些风格。
- 教师让学生设想如果拥有自己的艺术博物馆，他们会展出什么类型的艺术品，并阐释原因。
- 教师可以让学生用蜡笔画一些自拟主题的绘画作品。

音 乐

◇ 教师可以鼓励学生创作并解释一种新的音乐模式。

◇ 教师可以让学生想象,如果贝多芬还活着,现代社会对他的作品会有什么影响。

◇ 教师可以让学生评论,如果音乐成就决定人的社会地位,人们会受到什么影响。

体 育

◇ 教师鼓励学生创造出新式足球规则。

◇ 教师请学生积极想象棒球运动中,垒距缩短 0.6 米会产生什么不同结果。

◇ 教师请学生评价足球消失会给社会带来的影响。

◇ 教师让学生想象一支球队总在职业篮球赛中取胜会出现什么问题。

❖ **用心实践**

教师应该给出一些例子,来说明在教学中如何运用这些培养创造力的激励方法。

第六章

为实践性智力而教
Teaching for Practical Thinking

每个人都会不时地遭遇失败。实际上,如果一个人总是做常胜将军的话,那么他是学不到什么东西的。实践性智力出色的人不是不会犯错误,而是善于吸取经验教训,避免重蹈覆辙。犯错总是可以原谅的,不可原谅的是一再犯同样的错误。

我们都见过这样的人:他们表面上看起来思维能力很强,做事情却经常失败或犯错误。当面对现实世界的实践性问题时,他们的思维能力就化为乌有。显然,要在日常生活中获得成功,仅仅有良好的思维是不够的,不管这个"良好思维"的外延有多广。比如,人们可能从遗传中获得相当高的智力天赋,可能成长在非常优越的环境中,可能阅读过类似本书这样的书籍,也可能经常实践他们的智力技巧,但他们仍然会把自己的生活搞得一团糟。除非他们能避开或者绕过那些阻碍智力得到最佳表现的绊脚石,否则他们就会发现自己全部或者至少大部分的智力天赋都没多大用。相反,高成就者取得成功通常并非仅仅因为其天生聪慧,也和他们的人格特征有关。

教师应该注意以下这19个影响思维的障碍,因为这些障碍甚至会影响到最优秀的思维者(Sternberg, 1986; Sternberg & Spear-Swerling, 1996)。在大部分情况下,这些障碍并不是严格意义上的智力障碍,而是一些实践障碍，也就是行动上的绊脚石。但如果人们能够控制这类实践障碍，就能够真正地发挥自己的智力优势，并能更好地完成任务。明确实践性思维中的障碍，会使人们更加清楚为什么传统的智力测试，即使是那些涉及面很宽的智力测验，也只能解释真实世界中很小的一部分表象了。

表 6.1 实践性思维的障碍

- 缺乏动机
- 缺乏控制冲动的能力
- 缺乏坚持不懈的精神或太固执
- 运用了不恰当的能力
- 不能将思想转化为行动
- 缺乏结果导向
- 不能完成任务，无法进行到底
- 难以迈出第一步
- 害怕失败
- 拖延
- 责罚对象不当
- 过分自怨
- 过度依赖
- 消沉于个人困难中
- 注意力分散，缺乏专注
- 想做的事过少或过多
- 只见树木不见森林
- 分析性思维、实践性思维和创造性思维之间失衡
- 自卑或自负

第 21 课:保持高昂动机
LESSON 21: BECOME MOTIVATED

目标技能:自我激励

(Targeted skill: Motivating oneself)

提示词语:成功,完成,实现,激励,兴奋,唤醒,鞭策

(Prompt words or phrases: succeed, accomplish, achieve, motivate, excite, arouse, spur)

障碍:缺乏动机

(Stumbling block: Lack of motivation)

如果没有很强的动机去发挥天赋,那么不管有多好的天赋都无济于事。在许多情况下,动机对获得成功而言与智力才干是一样重要的。动机如此重要,是因为在某一特定环境中(例如班级),个体之间的能力差异相对较小,而动机上的差异却很大。因此,动机强弱是人们取得成功大小差异的一个关键因素。有些人的动机是外源性的,如得到同伴的赞许,得到他人的认可,获得财物等。有些人的动机是内源性的,如工作成功获得的满足感。大部分人的动机兼具内外成因,只不过比例不同而已。不管动机的来源如何,它对于智力的发挥和个人的成功都非常重要。

总的说来,内源性动机优于外源性动机,因为外在的激励往往是短暂的。所以,在外部激励逐渐减少或消失以后,以外源性动机为主的人就会失去继续前进的动力。而以内源性动机为主的人不管外部激励如何变化,

成功智力教学

都能保持自己的动机水平。例如,学生开始学习时,老师会给他们一些五角星、贴纸(美国老师喜欢用各种图案的不干胶贴纸奖励学生,如果学生得到老师奖励的贴纸,就可以贴在墙上自己的名字后面——译者注)或其他物品作为奖励,但是如果这些奖励没有了,学生也就失去了学习的动力。相反,如果学生对某项学习任务十分感兴趣,即有了内在的学习动机,那么这种动力将是持久的。

❖ 生活应用

很多人认为,IQ 或智力的其他方面就是天赋的关键元素。当然,智力的确是天赋的一个方面。但是研究文献一再显示,有天赋的人都具有在某一领域获得成功的强烈驱动力,艾伦·韦纳(Ellen Winner, 1998)把这个共同点称为"征服的渴望"(rage for mastery)。这些人努力工作源于内心对事业的热爱,并非仅仅为了奖励(Amabile, 1996)。因此,许多老板也发现,预测员工工作成绩的最有效指标不是某项能力测试的分数,而是勤奋工作的意愿和圆满完成工作的愿望。伟人与常人的区别,往往在于前者勤奋努力、静心专注和动力强劲(Steptoe, 1998)。

❖ 课堂应用

成功智力能够帮助教师在课堂教学中,有效促进学生的学习效率,提高学生对教学内容的兴趣,达到增强学习动机的目的。有些教师认为只要有逻辑地、浅显易懂地把教学内容教导给学生,就尽到了自己的职责。然而,如果学生的学习动机没有被激发起来,他们就不会注意学习材料,也不会认真听课。于是,教师可能认为自己在教,而学生却学得很少。

本项技能结合八门学科应用举例如下。

语文（小学 — 初中）	教师鼓励学生即使写作诗歌时遇到困难，也要尝试使用新方法（如头脑风暴，通过集思广益来写）。
数学（小学 — 高中）	教师鼓励学生完成教材中老师没有布置的练习以加深理解。
科学（小学 — 高中）	教师鼓励学生努力完成一项复杂的实验，即使尝试了几次没有成功也要坚持。
社会（高中）	教师鼓励学生深入理解现代国际关系中的某个复杂的政治经济问题。
外语（高中 — 大学）	教师鼓励学生选修一门比较难学的外语，因为这比常见的语言更能激发学习兴趣。
美术（初中 — 高中）	教师鼓励学生发现一位自己真正欣赏的艺术家并对其作品开展评论。
音乐（小学 — 大学）	教师鼓励学生坚持参加演奏比赛，努力争取脱颖而出。
体育（小学 — 高中）	教师鼓励学生领会熟能生巧的道理，并且努力付诸实践。

❖ 用心实践

教师应当列出五项活动，来帮助学生克服动机缺失问题。

第 22 课：控制冲动
LESSON 22: CONTROL IMPULSES

目标技能：控制冲动

（Targeted skill: Controlling impulses）

提示词语：反思，控制，抑制，约束，管理

（Prompt words or phrases: reflect, control, curb, restrain, regulate）

障碍：缺乏控制冲动的能力

（Stumbling block: Lack of impulse control）

在生活中，有时的确需要人们率性而为，但是冲动行为带来的后果常常是削弱而不是增强理智行为。教师有时会遇到这样的学生，学业出色，聪慧过人，但就是过于冲动，缺乏深思熟虑，因而就难以将自己的智慧发挥到极致。瑟斯顿（Thurstone，1887—1955，美国心理学家和心理计量学家——译者注）在他一本早期的著作中提到，高智商者的关键特征是具有控制冲动反应的能力（Thurstone，1924）。多年之后，一位比较心理学家斯登豪斯通过自己的独立研究（Stenhouse，1973），也得出同样的结论。习惯性冲动使人们无法在解决问题时充分应用所有的智力资源，因而妨碍了最理想的智力表现。虽然在问题解决时我们也不希望没完没了地深思熟虑，但也不应该一想出个方案就得意忘形，因为更好的解决方案往往产生在深入思考之后。

❖ 生活应用

我认识一个在出版社工作的主管，事业成功，而且对控制冲动的意义有亲身体验。在一次候选晋升中，首席执行官（CEO）打电话来，告诉他落选了，他很懊恼，就非常冲动地对老板的决定贬损了几句。结果很快他就发现自己失去的不仅仅是一次提升的机会，这些冲动的话让他付出了丢掉工作的代价。

❖ 课堂应用

教师可以用奖励来鼓励学生控制冲动。教师可以鼓励学生仔细思考问题，不要急着下结论，并对愿意自我控制的学生表示赞许。教师应该注意，自己所设立的这些奖励方式不应无意中鼓励冲动。例如，让学生做作业时，教师如果只强调速度而忽略了准确性，或者总是叫第一个举手的学生回答问题，就会反而鼓励冲动行为。

本项技能结合八门学科应用举例如下。

语文（小学—大学）	教师鼓励学生写作之前先构思，细致拟订提纲。
数学（小学—大学）	教师鼓励学生交作业之前要先认真检查，确保答案准确。
科学（大学）	教师鼓励学生思考几种不同的实验结果，而不要先入为主。
社会（初中—高中）	教师鼓励学生在写作一篇论文（如"冷战的后果"）之前，先把各自的提纲写出来，看看提纲里是否包括了要点。

外语（初中 — 高中）	教师鼓励学生不要仅仅凭借发音相近，就猜测这个外语单词与母语的词义相同。
美术（小学 — 初中）	教师鼓励学生在绘制一幅画时先勾勒草图。
音乐（小学 — 高中）	教师鼓励学生练习时不要遇到很难演奏的曲目就轻易放弃。
体育（小学 — 大学）	教师鼓励学生控制自己，在体育竞赛中不要为了击败对手去冒不必要的风险。

❖ 用心实践

教师应当列出五项活动，来帮助学生控制自己的冲动。

第23课：有毅力但不固执
LESSON 23: PERSEVERE, BUT DON'T PERSEVERATE

目标技能：知道什么时候该坚持，什么时候该放手

（Targeted skill: Knowing when to hold and when to fold）

提示词语：平衡，权衡，评估，继续，追求，坚持，持续，坚持到底或停止执行，中止，停止，放弃

（Prompt words or phrases: balance, weigh, assess, continue, pursue, persist, keep on, carry through versus quit, cease, desist, give up）

障碍：缺乏坚持不懈的精神或太固执

（Stumbling block: Lack of perseverance or excessive perseveration）

有些人尽管聪慧过人，但是做事很容易半途而废，稍有不顺或者最初的努力没有如愿以偿，就会退缩避让，似乎很小的挫折都能使他们心灰意冷。这样，即便先前所采取的方法是正确的，也会失去取得成功的机会。

处于另一个极端的人却在本该放手时，依然执迷不悟，甚至连自己都清楚地知道无法解决问题，还会坚持，至少在他们已经知道问题已无法解决的那一刻还在坚持；或者本来已经解决了问题，却还纠缠不休。

❖ **生活应用**

固执己见的倾向在学术界很常见。某位学者做了一项重要的创造性工作，也许是他（她）的博士论文，接着又做了些后续性研究，但这些后续

的研究只是针对最初的研究中一些更细小的问题。这时,同行们更希望他(她)能够转换研究问题,或者至少采用不同的方法来研究。然而,在大多数人眼里,那个学者却继续做着没什么变化的研究,一遍一遍,不厌其烦,他(她)的学术贡献就此停滞。

固执己见在生活中也不乏其人。我们对这样的人并不陌生,他(她)虽然被心仪的对象拒绝了无数次,却还要苦苦追求,全不在意对方所给的消极信号。他们似乎无法停止这种毫无意义的追求。旁观者都知道,甚至有时连他们自己都知道这种执拗是没有结果的,却还是要顽固地坚持下去。

当然,也有些人在不该放弃的时候轻易放弃了,比如一些作者,经常在自己的作品遭到几次拒绝后就选择放弃。十几年前,有位教授先后向几家杂志社投稿,都纷纷遭拒,他就料定这篇文章不适合发表,没有继续再投了。十年后,当他清理文件时,又发现了那篇被拒绝了几次的稿子。仔细再阅读之后,他认为这篇稿子仍然是有价值的。于是,他把原稿重新投到了另一家杂志社,这次,文章不但被录用了,还没做什么修改,仅仅要求他把参考资料更新一下就行了,因为那些资料全是十年前的。

❖ **课堂应用**

教师要尽量帮助学生养成善始善终的好习惯,同时也要告诫他们,该放手就放手,有时候,重新开始就是最好的选择。例如,学生在写课程论文时选择了一个题目,却找不到足够的参考资料,这时候最好换一个题目,对他来说这就是最简洁的选择,没必要一味地坚持下去。

本项技能结合八门学科应用举例如下。

| **语文(初中—大学)** | 教师鼓励学生如果写作时找不到创新的思路,可以尝试改换题目或者角度,也许过段时间就会茅塞顿开。 |

数学（高中）	教师鼓励学生考试时不要在难题上多花时间,应该先易后难,最后有时间空余再解难题。
科学（初中 — 大学）	教师鼓励学生意识到在资源限定的条件下,什么样的科研项目才是切实可行的。
社会（初中 — 大学）	教师鼓励学生如果写一篇论文之前发现没有足够的参考资料,就换一个选题。
外语（初中 — 大学）	教师鼓励学生如果碰到太难理解的语法概念,可以先放一放,以后再来攻关。
美术（初中 — 大学）	教师鼓励学生在做陶瓷制品时,如果火候没有调节好,出现了问题,就要放弃。
音乐（初中 — 大学）	教师鼓励学生要学会把握,有些作品因为难度太高,不适宜现在演奏,应该等到技能熟练后再来尝试。
体育（小学 — 高中）	教师鼓励学生要学会控制自己,当身体已经比较疲惫时,不要做拉伸练习或者举重练习,以免出现危险。

❖ **用心实践**

教师应当列出五项活动,来帮助学生找到锲而不舍与执拗顽固的差别。

第24课：适当的事情采用适当的办法
LESSON 24: USE THE RIGHT ABILITIES

目标技能： 使目标与能力匹配

（Targeted skill: Matching pursuits to abilities）

提示词语： 发展长处、克服弱点，探寻杰出成就之道，遵循成功之道

（Prompt words or phrases: build on strengths instead of weaknesses, find avenues of excellence, follow paths to success rather than failure）

障碍： 运用了不恰当的能力

（Stumbling block: Using the wrong abilities）

人的一生中总有某个时候，开始意识到要么是选错了职业，要么是办事不得法。好像他们正在从事的工作需要的是某些能力，而自己使用的却是另外一些能力。

❖ **生活应用**

迈克尔·乔丹（Michael Jordan）是有史以来最成功的篮球运动员。有一段时间，也许因为打篮球对他来说已没有多大挑战性了，于是他决定去打棒球。然而他发现自己在棒球方面的天赋远不能与篮球相比，于是重归篮球场，并再次取得了巨大的成就。

当然，这种情况可能发生在学校，也可能发生在毕业以后的生活中。也许一个学法律的人意识到自己的认知能力更适合搞研究；也许一个学

医的人发现营销才是自己的真正能力所在；也许有人发现在专业领域里自己很出色，却不擅长向别人传授这些专业知识。他们的发现就是，虽然自己在某些方面有很强的能力，但这些能力并不适合正在从事的学习和工作。在这个时候，聪明的选择就是换个专业或换份工作，至少改变目前的学习策略或工作策略。爱丽丝（见第三章）在学校里表现非常优秀，然而实际工作中的表现却没有那么好，原因就在于她没有找到和能力相匹配的领域。

❖ **课堂应用**

教师应帮助学生认识人与环境的适应问题。人与环境的相互作用决定着能否创新、能否有价值（Csikszentmihalyi, 1988; Gardner, 1993; Sternberg, 2006; Sternberg & Lubart, 1995）。一个产品在这个时间这个地点被认为是有价值的，但在另一时间另一地点或许就会遭到贬抑，即所谓"南橘北枳"。

判断工作是否优秀没有绝对标准。同一个产品或理念在不同的环境中可能得到不同的评价，关键在于找到能够发挥创造天赋或者创造才能的用武之地，或者对环境本身进行改造。

我曾经给过我的学生一个非常糟糕的建议。这个学生当时有两个可以选择的工作。一个单位很有声望，却不太符合她的愿望。另一个单位的名气要差一点，却更符合她的价值观念。我建议她去第一个单位，并告诉她，如果不去的话，日后也许总会想：如果当初选择了那个有名的单位，自己的事业又会是何种境况呢？于是她去了，但总没办法很好地融入那里的环境，最终她还是辞职，去了另外一个重视她的工作价值的地方。现在，我总是建议学生选择最适合自己的。通过不断地表达"人与环境适应才是最重要的"这个观点，我的学生学会了选择有利于发挥自己创造性的环境。

教师可以鼓励学生去考察环境，以帮助他们学会选择环境，并学会使自己的技能符合环境的要求。

本项技能结合八门学科应用举例如下。

语文（初中 — 高中）	教师鼓励那些喜欢在写作时运用简练语言来表达思想的学生写俳句诗（haiku poem），取代传统诗。
数学（高中）	教师鼓励一些喜欢依据故事情境而不是抽象公式来思考的学生去编写三角函数应用题。
科学（大学）	教师鼓励那些有志于做医生的学生在医学院入学考试要求的理科课程上取得优异成绩。
社会（小学 — 大学）	教师可以给学生一定的选择权，让他们在考试中根据适合自己的应试技能来决定是做选择题还是做问答题。
外语（初中）	教师鼓励学生自己选择是采用口试还是笔试。
美术（高中）	教师鼓励学生选择一种形式来完成一项艺术作业。
音乐（小学 — 初中）	教师鼓励学生选择适合他们个人技能的一种乐器来学习。（比如，有哮喘病的学生应该仔细考虑铜管乐器是否适合自己）
体育（小学 — 高中）	教师鼓励学生在体育课中可以自由选择两种运动项目。

❖ 用心实践

教师应当列出五项活动，来帮助学生选择适合自己特长的发展目标。

第 25 课：将计划付诸实施
LESSON 25: ACT ON A PLAN

目标技能： 开始行动

（Targeted skill: Initiating action）

提示词语： 行动，前进，开始，鼓动，发动，放手去做

（Prompt words or phrases: act, move forward, start, instigate, initiate, just do it）

障碍： 不能将思想转化为行动

（Stumbling block: Inability to translate thought into action）

有些人非常善于出主意，似乎他们对自己和别人生活中的每件事情都有解决办法，但就是不能将想法付诸行动。这些想法不管多么完美，都没有任何实际价值。要想发挥自己的聪明才智，人们不仅要有好的创意，同时也必须有将思想转化为行动的能力。总有一些人为自己的生活做出一个重大的决策，却无法付诸实践。比如，两个人已经决定要结婚，却定不了日子。当真正需要付诸行动时，就陷入了瘫痪状态。就算他们才智过人，但是因为不会抓落实，也无法从自己的智力中受益并有所作为。每个人都会有这样的经历，解决这个问题的办法就是不要把这些主意深藏在头脑中，而是开始行动，付诸实践。

❖ 生活应用

在与名人的访谈中,有一个问题会被经常问及,那就是他会对一些事情或者经历感到后悔吗。回答是有后悔,不过不是对已经做过的事情感到后悔,而是对没有做过的事情感到后悔,觉得丧失了大好时机。有时候,人们会发现,"只要去做,永远不晚"。本书的两位作者我和格里戈连科,年轻时都曾是业余音乐爱好者,但由于总有很多事情要做,我们没有足够的时间练习,于是两个人的爱好都被搁浅。有一次聊天,两人都很遗憾没能坚持对音乐的追求,决定重拾旧爱。于是,在耽误了这么多年之后,我们用行动来弥补遗憾。我现在又能够拉大提琴了,格里戈连科也开始弹钢琴了。

❖ 课堂应用

教师可以用一系列措施来鼓励学生提出并落实计划。

本项技能结合八门学科应用举例如下。

语文(高中—大学)	教师鼓励学生在距最后提交期限至少一个月就要开始动手起草论文/把握完成论文的适当时机,不要临时抱佛脚,拖到最后一刻才匆忙动手。
数学(小学—大学)	教师鼓励学生在做数学家庭作业时,尽早攻克难题,不要拖到最后。
科学(高中)	教师鼓励学生在各种材料准备妥当之后,就要立即动手开始实验。
社会(小学—大学)	教师鼓励学生把握恰当的时机,适时开始论文写作,不要一直收集资料或者调研,迟迟不肯动手写作。

外语（初中 — 大学）	教师鼓励学生学外语时多说多练，见缝插针。
美术（初中 — 高中）	教师通过教给学生收集相关素材的方法，来帮助学生开始自己的美术项目。
音乐（初中 — 高中）	教师鼓励学生不要只思考如何去操练，而要踏踏实实地去练。
体育（高中 — 大学）	教师鼓励学生要开始一项新的锻炼项目，最简单的办法就是直奔训练场地。

❖ **用心实践**

教师应该列出五项活动，以帮助学生将想法付诸实施。

第 26 课：具有产品或者结果的意识
LESSON 26: BECOME ORIENTED TO THE PRODUCT

目标技能： 注重最终成果

（Targeted skill: Focusing on the end product）

提示词语： 获取最后结果，成品，成果

（Prompt words or phrases: going for the end result, the final product, the outcome）

障碍： 缺乏结果导向

（Stumbling block: Lack of product orientation）

有些人往往非常关心做事的过程，却不怎么在意最终的结果。然而，一个人的成就往往主要是根据他所做事情的最终结果来评判的。比如，有些学生认认真真做了充分的调查研究，但研究报告却写成了二三流水平。这些学生在研究过程中热情很高，十分投入，可是到了将过程转化为产品的时候，却失去了原有的热情和全身心投入的精神，最终导致其贡献被人低估，自己真实的智力潜能也没有能够充分表现出来。类似的情况在另一些学生身上也有，他们总是能想到有创造性的、有趣的点子，写文章初稿的时候也做得很好，但就是不肯花功夫对草成的作品继续精雕细琢。

❖ **生活应用**

本书作者之一格里戈连科曾经认识一位具有奉献精神、精力充沛、果

断的教师。为了使任教的社会学课生动活泼,她做了不少额外的研究,查阅大量的报纸和杂志,从中找了很多让她的课焕发活力和才智的案例。她认为查阅资料很刺激,但是整理材料、编写教学计划和教案却是很枯燥的事。结果她的教案很粗糙,很简单。这个粗糙的教学计划根本没有把所有的材料组织好,上课也远远没有达到本来能达到的效果。正因为她不愿意把自己的研究形成一个丰富的成果(教案),这位教师一直都无法充分地发挥自己的潜能。

❖ 课堂应用

教师要想方设法帮助学生培养产品或者结果的意识。

本项技能结合八门学科应用举例如下。

语文(初中—大学)	教师鼓励学生在交作文之前先要认真检查,确保全部的要点都正确无误、完整清晰。
数学(小学—大学)	教师鼓励学生仔细检查家庭作业,以确保所用的方法是合理的。
科学(高中—大学)	教师鼓励学生仔细检查解化学题的各个环节,以免中间出现错误运算。
社会(高中—大学)	教师鼓励学生在准备辩论发言时,要认真做好记录,确保论点清晰有力。
外语(初中—大学)	教师鼓励学生在检查句子是否正确时,先检查动词的一致性规则,以免出现语法错误。
美术(小学)	教师鼓励学生自己检查用于木偶剧演出的道具木偶是不是准备妥当。

音乐（初中 — 大学）	教师鼓励学生在独奏（独唱）演出之前，先要试听自己录好的练习片段，发现优势，改进不足。
体育（初中 — 高中）	教师鼓励学生在平时开展篮球训练时，就要多投三分球，这样在实战时才能得心应手。

❖ 用心实践

教师应当列出五项活动，来帮助学生关注产品或者结果。

第 27 课：有始有终
LESSON 27: COMPLETE TASKS

目标技能： 有始有终

（Targeted skill: Finishing what one starts）

提示词语： 完成，结束，终结，结尾，终止，圆满了结，坚持到底

（Prompt words or phrases: complete, finish, close, end, terminate, wrap up, follow through）

障碍： 不能完成任务，无法进行到底

（Stumbling block: Inability to complete tasks and to follow through）

虎头蛇尾者不管做什么，别人都不敢指望他们能完成。他们在生活中好像没有完成过一件事。他们之所以不敢把事情做完，或许是因为害怕这件事情结束后，不知道下一步该干什么；或者是自己陷入烦琐的细节中不能自拔，觉得再也不能取得进展。这些人的生活似乎陷入了"芝诺悖论"（Zeno's paradox，芝诺，古希腊哲学家——译者注）中：甲要从 A 地走到 B 地，要走完这段距离，必须先走完一半距离，到达 A、B 的中点；为了走完后半段，他又必须先走完后半段的一半，留下全程的四分之一；但为了完成这四分之一，他又必须先走完这四分之一的一半。在这个悖论中，这个人总是去走余下路程的一半，永远也到不了终点。

成功智力教学

❖ 生活应用

"活到老,学到老"是每个人都必须学会的一项重要技能,但"终身学习者"与"终身肄业生"是有区别的。所谓的"终身肄业生",是指那些不断开始新的事情,却又好像从来没有做成过任何事的人。他们的生活中充满了无数个因错误开始而留下的痕迹。这些人一事无成,可能有很多原因。有些是因为害怕在事情完成之后承担责任,有些则似乎是因为害怕完成了一项工作后,不知道又该做什么。所以,人们需要学会果断处事,有始有终。也就是说,不管是工作还是生活,只要开始,就要圆满完成,一旦一个阶段结束了,就要开始继续前进。

❖ 课堂应用

教师和学生一样,需要知道做事要有始有终。教师需要完满结束课程教学,学生则需要对课程的学习坚持到底。

本项技能结合八门学科应用举例如下。

语文(初中 — 高中)	教师鼓励学生在写诗歌时,将自己最得意的一小节作为结尾。
数学(高中 — 大学)	教师鼓励学生在考试前夜做计算复习时,应早点停下来休息,以保障良好的睡眠。
科学(初中 — 大学)	教师鼓励学生在观察异花授粉时,如果确定只需要观察三代就能收集足够的材料并写好报告,那就没有必要再多做几次,该结束时就结束。
社会(高中 — 大学)	教师可以要求学生在课程论文提交日期的头一天晚上意识到该在什么时候把论文整理好,即使论文质量还没达到自己的预期。

外语（初中 — 大学）	教师鼓励学生确保自己在考试前有足够的时间来背诵单词。
美术（小学）	教师鼓励学生明白自己什么时候该结束手中的画作，以便开始新的创作。
音乐（小学 — 大学）	教师鼓励学生自己把握练琴时间，练到手指酸疼时就该停止练习了。
体育（小学 — 高中）	教师鼓励学生把握自己什么时候该停止练习短跑，哪怕成绩不理想也要该停就停。

❖ 用心实践

教师应当列出五项活动，来帮助学生养成坚持到底的习惯。

第28课：做出承诺
LESSON 28: MAKE A COMMITMENT

目标技能： 启动项目，做出承诺，实现目标

(Targeted skill: Initiating projects and committing oneself to a goal)

提示词语： 动手做，选择，开始，启动

(Prompt words or phrases: commit, choose, begin, initiate)

障碍： 难以迈出第一步

(Stumbling block: Failure to initiate projects)

有些人不愿意或者无法做出承诺去做某件事情。他们总是在计划做些什么事情，但是却不肯迈出第一步。之所以会出现这样的情况，是因为他们害怕做出承诺，担心受到太多的约束，无法随心所欲，所以迟迟不肯真正启动一件事情。

❖ 生活应用

无法做出承诺、无法保证行动的人，往往是工作还没完成，他们就退却了。有些学生就因为不愿开始写论文，甚至连题目也从不去考虑，所以无法研究生毕业。写学位论文需要投入大量的时间和精力，但有的学生就是不愿意全力以赴。

很多人在人际交往中也这样。他们和别人初次见面之后就不会有更深的交往，因为他们害怕对人际关系承担责任。结果这些人终其一生都只

能拥有表面的交往,不敢冒风险承担责任,去建立更加稳固的友谊。

❖ **课堂应用**

教师可以鼓励学生在做项目时,先考察几个可行的题目,然后从中选择一个,开始启动项目。学生学会考察题目可行性非常重要,当然同样重要的是要学会对自己的选择承担责任。

本项技能结合八门学科应用举例如下。

语文(初中—大学)	教师鼓励学生选定一位现代文学作家的作品进行评论,并立即动手去做。
数学(高中)	教师鼓励学生做出承诺去完成某个几何证明题。
科学(小学)	教师鼓励学生在同时提供的两个科学探究活动中选定一个。
社会(初中—高中)	教师鼓励学生在参加当地社区治安管理的辩论时,选定某一方的意见予以支持。
外语(初中—大学)	教师鼓励学生自己选择去哪一个国家游学。
美术(小学)	教师鼓励学生自己选择某一种媒介来作画以参加美术节活动。
音乐(初中—大学)	教师鼓励学生自己选定一首乐曲来演奏。
体育(高中—大学)	教师鼓励学生自己选定以哪一种游泳方式来参加比赛。

❖ **用心实践**

教师应当列出五项活动,以促使学生立即着手去做该做的事。

第29课：承担风险
LESSON 29: TAKE A RISK

目标技能： 控制对失败的恐惧

（Targeted skill: Controlling fear of failure）

提示词语： 冒险，风险，敢做敢当，信任

（Prompt words or phrases: take a risk, venture, dare, trust）

障碍： 害怕失败

（Stumbling block: Fear of failure）

人在很小的时候就学会了担心失败，这是一件很正常的事情，无论成就大还是成就小的人都是如此。成就小的人是因为经历了太多的痛苦难以回首；成就大的人没有多少失败的经历，不知道怎么去应付失败，也就是还不能将偶尔的失败视为生活中的正常现象。

❖ 生活应用

许多人正是由于担心失败而没有充分发挥自己的潜力。在大学里学习的时候，这些人不敢去选修那些很难的课程，因为他们不敢奢望自己能把它们学好。结果，尽管他们可能在自己选择的简单课程中学得很好，但后来才发现自己真正需要的正是那些逃避了的课程。工作的时候，作为律师、医生、科学家或者商人，他们得过且过，不愿接受能成就事业的那些项目，因为他们害怕失败。事实上，由于心理上对失败的恐惧，他们也不可能

通过竞争找到自己梦寐以求的工作。生活上，他们也无法持续和他人的友谊，因为他们怕人与人的关系不知哪天就会变化。

在某些情况下，害怕失败是自然的事情。如果失败的后果非常严重，那么害怕失败就是一种适应性行为。比如，核武器威慑的整体策略就是依赖于心理对失败的恐惧——理论上讲，没有哪个国家会发动核战争，因为害怕给敌人带来灾难的同时，也会给自己带来灾难。因此，有的时候，我们有足够的理由不去冒险；但是，我们也有足够的理由去冒险，不愿冒险或者无力冒险都将痛失良机。要知道：机不可失，时不再来。

❖ **课堂应用**

为了帮助学生学会承担合理的风险，教师应该允许他们犯错误。创意投资属于"低买高卖"，肯定有风险。有些想法不受欢迎只是因为它还不够好；人们采取某种思维方式只是因为它行之有效。伟大的思想家也会带来新的思维方式，比如弗洛伊德、皮亚杰（Piaget, 1896—1980，瑞士著名的心理学家、生物学家、哲学家——译者注）、乔姆斯基（Chomsky, 1928— ，美国著名的心理语言学家——译者注）和爱因斯坦。这些伟大的思想家能做出卓越贡献是因为他们允许自己和合作伙伴冒风险、犯错误。例如，弗洛伊德和皮亚杰的很多思想都不正确，弗洛伊德错误地把维多利亚时期对性的问题当成是普遍存在的冲突，皮亚杰对儿童能够完成特定认知操作任务的年龄判断也不尽准确。他们的思想之所以伟大，不在于能够流芳百世，而是在于他们的错误能够成为后来居上者的阶梯和垫脚石。弗洛伊德和皮亚杰的不完善之处使其他人能够从中得到启发，提出新的观点并超越他们最初的想法。这些人也从自己的错误中学到了不少东西。

学校往往不允许学生犯错。一旦作业上出错，就被画上了大叉叉；一旦课堂上回答问题出了错，就会招致批评，说他没有读教材或者没有读懂教材，而其他学生则会讥笑讽刺。在学校里有了一次次这样的经历之后，学生们就知道了犯错不是什么光彩的事情。结果他们谁也不敢再独立思考，因为独立思考有时难免会有不恰当之处，然而只有敢于独立思考才能有所创造。

如果学生出了错，教师应该让他们分析讨论自己的错误。俗话说，失败是成功之母，错误和不成熟的想法往往孕育着正确答案和好的思想。在日本，教师们会花上整节课的时间让学生分析他们在数学思维方面所犯的错误（如，Stevenson & Stigler, 1994）。识错纠错，在错误中学习、进步，这是一种教学的好办法，值得一试。

本项技能结合八门学科应用举例如下。

语文（小学 — 大学）	教师鼓励学生在写小说时将结局设计得出人意料（例如，结局中，冲突没有得到解决，或者英雄牺牲了）。
数学（小学 — 大学）	教师鼓励学生在平时计分的模拟考试中选择难题来做。
科学（初中 — 高中）	教师鼓励学生提议他们最想做的活动，即使在这些活动中自己未必成功。
社会（初中 — 高中）	教师鼓励学生为一场重大战争的失败者做辩护。
外语（高中 — 大学）	教师鼓励学生用外语和那些以这门外语为母语的人交谈，即使外语讲得不太好也没有关系。
美术（小学 — 大学）	教师鼓励学生在制作黏土作品时能够有所创新，不要老是做饭碗、杯子之类的东西。
音乐（初中）	教师鼓励学生换一种新乐器来尝试演奏。

体育（初中 — 高中）	教师鼓励学生练习打垒球，努力争取进入球队，即使别人认为你不是这块料也不要紧。

❖ 用心实践

教师应当列出五项活动，这些活动应有助于学生学习如何应对失败，从而克服对失败的恐惧心理。

第 30 课：做事不拖延
LESSON 30: DON'T PROCRASTINATE

目标技能：战胜拖延

(Targeted skill: Overcoming procrastination)

提示词语：马上开始，迈出第一步，立即着手，今天就做

(Prompt words or phrases: start, take the first step, begin, do it today)

障碍：拖延

(Stumbling block: Procrastination)

拖延在人们生活中普遍存在。每个人或多或少都会有一些拖拉、耽搁的毛病，把本来应该立刻做的事情拖延到不得不做时才去完成。但是，如果一个人的拖延成了习惯或者做事的方式，那就成了大问题。在生活、学习或者工作的任何阶段，大家都容易把时间消磨在琐事小事上，因而实际上也回避了甚至是拖延了做大事。这样做也许能带来短期的成功，却难有长远的收益。有拖延习惯的人应该利用自我加压或者别人加压的方式来逼迫自己成就大事，因为没有压力他们什么大事情也做不了。

❖ **生活应用**

有些学生喜欢找些小事情做，这样可以将重要的事情延后。他们能完成每天的阅读任务和家庭作业，而对于真正能使其学业突飞猛进的大项

目,却迟迟不肯着手。同样,有些学生每天的课堂作业都做得很好,但是临到该准备考试或写学期论文时,却开始拖延,结果得到一个很差的分数,反映不出自己的真实能力。

❖ **课堂应用**

教师要善于鼓励学生早日启动长期项目,战胜拖延,投入到做大事中去,不妨采用提出具体的子目标的方式来加以督促。例如,如果长期的目标是完成一个独立的项目,教师可以要求学生写出计划,准备详细的提纲,并且在最后期限前尽早提交初稿。

本项技能结合八门学科应用举例如下。

语文(初中)	教师鼓励学生制订每天的读书计划和具体目标(如阅读名著《汤姆·索亚历险记》)。
数学(初中—大学)	教师鼓励学生每天及时复习和做练习题,及早为考试做好准备。
科学(小学—大学)	教师鼓励学生马上就去图书馆查阅文献,尽快启动一项研究项目。
社会(高中—大学)	教师鼓励学生在准备有关北约与东欧关系新进展的报告时,马上查阅网上实时评论,不要拖延。
外语(初中—大学)	教师鼓励学生每天从"每周新词"中选出几个词来造句。
美术(高中—大学)	教师鼓励学生将准备绘制的肖像画分成几个小部分,每天按时完成定额任务。
音乐(小学)	教师鼓励学生在参加合唱排练前先单独操练自己承担的部分。

体育（初中 — 大学）	教师鼓励学生为了提高运动成绩马上动手实行饮食控制计划。

❖ 用心实践

教师应当列出五项活动，以帮助学生战胜拖延。

第 31 课：分清责任
LESSON 31: ASSIGN RESPONSIBILITY

目标技能：根据结果，或奖或罚责任人

（Targeted skill: Attributing credit or blame for results to whom it belongs）

提示词语：承担责任，评估贡献，接受失败或成功，权衡贡献的大小

（Prompt words or phrases: accept responsibility, assess contribution, admit failure or success, weigh contribution）

障碍：责罚对象不当

（Stumbling block: Misattribution of blame）

有些人总觉得自己是正确的，总是想方设法挑别人的刺儿，哪怕别人只有一点点的失误。还有的人则愿意事事自责，不管自己在成败得失中起到了什么样的作用。对过失或者责任的错误归因会严重阻碍一个人的自我实现或自我完善。

❖ **生活应用**

我曾有一位科研能力很强的研究生。科研小组的成员都认为她非常优秀，而她却总是把做错了的事都归咎于自己，觉得自己什么事都干不好，看上去总是一副郁郁寡欢的样子。直到最后，这位研究生自己主动退出了那个研究项目。

另一位研究生的情况又恰恰相反。对读研过程中的每次失败,他总是极力责怪别人,实际上周围的每个人都很清楚,他自己并没有付诸努力,却总有借口抵赖为什么事情还没做完。他甚至还说,是别人要诡计阻碍了他的工作和目标的实现。他不会承担应有的责任,在他看来那都是运气不好,所以他也没有获得应有的成功。

❖ 课堂应用

要教会学生出色地完成任务,就要教育他们勇于承担责任,不管成功还是失败。教学生勇于承担责任就是教他们:(1)了解自己思考的过程;(2)敢于开展自我批评;(3)为自己出色的表现感到骄傲。然而不幸的是,不少教师与父母都听任学生在失败时把责任推到别人身上。

教学生勇于承担责任,似乎是老生常谈,但有时候,知道是一回事,能实际去做是另一回事。在现实生活中,在分清责任方面,个体之间还是会有较大差异。不管是成功还是失败,智者总是责任自担,但同时也绝不会大包大揽。

本项技能结合八门学科应用举例如下。

语文(小学 — 初中)	教师鼓励学生自己承担因为上课不专心听讲导致考试成绩差的责任。
数学(初中 — 高中)	教师鼓励学生自己承担因为没有用对资料而导致考试失误的责任。
科学(初中 — 大学)	教师鼓励学生分析一下没有完成小组化学实验,自己该承担什么责任。

社会（初中 — 高中）	教师鼓励学生自己做出分析，在有关"联合国如何磋商出台某项政策"的讨论中，为什么自己的表现难以得到老师和别人的认同，责任该由谁来承担。
外语（初中 — 高中）	教师鼓励学生面对现实 —— 因为单词发音不准，从而导致口语考试成绩不理想。
美术（小学 — 高中）	教师鼓励学生想一想为什么手工作品一拿到家后就破碎了，是不是按照要求去做的。
音乐（初中 — 大学）	教师鼓励学生勇于承认自己因为练习时间不足导致学琴的进步不大。
体育（高中）	教师鼓励学生在跳高训练方面要勇于承认自己的表现不尽如人意。如果跳高练习已经占用了他们太多的时间，就鼓励他们练练别的项目。

❖ **用心实践**

教师应当列出指派给学生的，并与其讨论的五项活动。这些活动应能帮助学生学习如何分享荣誉，承担过失。

第32课：不过度自怨自艾
LESSON 32: MANAGE SELF-PITY

目标技能：继续前进

（Targeted skill: Moving on）

提示词语：评估现状，振作起来，接受现状

（Prompt words or phrases: take stock, pull oneself together, get on with it）

障碍：过分自怨

（Stumbling block: Excessive self-pity）

每一个人有时都会自怨自艾一番。当事情不顺利的时候，这样做也在情理之中。但是无休无止的自怨自艾就是一种严重的适应不良症了。自怨自艾不仅于事无补，更重要的是它让人将别人可能伸出的援手拒之门外。

❖ 生活应用

一位研究生参与了某个研究项目，但他一开始的准备工作做得明显不够，他为自己感到难过内疚。起初，其他人也很同情他，但过了一段时间之后，人们就对他频繁的自怨自艾感到厌烦，甚至恼火了。每个人都希望他能够自己振作起来，走出低谷，改善自己的境况。然而他却一直自怨自艾，没完没了，使自己陷入了一个恶性循环——越是觉得自己不争气，别人越

是不同情他,最后甚至会懒得搭理他。他花了太多的时间来自我怜惜,而不是下功夫改变现状。

❖ 课堂应用

史蒂芬·霍金(Stephen Hawking, 1942 — ,英国物理学家,他用毕生精力研究黑洞和宇宙大爆炸原理,著有畅销书《时间简史》。患有运动神经细胞的疾病 —— 译者注)因为患上了卢伽雷氏病,全身瘫痪,其残疾程度之重,在世界上也很少见。他也许该为自己感到难过,但他没有不停地自怨自艾,反而成为我们这个时代最伟大的天体物理学家。

本项技能结合八门学科应用举例如下。

语文(小学)	教师鼓励学生不要因为自己发音不准确就不敢在课堂上发言。
数学(初中 — 高中)	教师鼓励学生不要因为在一次数学课题中花了许多时间却没有取得好成绩就心灰意冷。
科学(高中 — 大学)	教师鼓励学生,即使没有记住人体的主要器官,也要有信心学好后续章节的内容。
社会(小学 — 大学)	教师鼓励学生自己分析原因,为什么在历史考试中没有取得理想成绩,是因为哪些地方没有掌握,应该如何做出弥补。
外语(高中 — 大学)	教师鼓励学生不要害羞退缩,要勇敢地与能说一口流利外语的人进行交谈。
美术(初中 — 大学)	教师鼓励学生不要因为制作的瓷器坯子在烧制中损坏了就垂头丧气,要继续试验找出原因。

音乐（小学 — 初中）	教师鼓励学生总结经验、查明原因,分析一下自己为什么表演得不理想,打算如何加以改进。
体育（小学 — 高中）	教师鼓励学生如果在自行车比赛中摔跤了,不要气馁,爬起来继续前进。

❖ 用心实践

教师应当列出可以与学生一起讨论的五项活动,帮助学生克服自己过分的自怨自艾。

第 33 课：自强自立
LESSON 33: BE INDEPENDENT

目标技能：发展独立性

（Targeted skill: Developing independence）

提示词语：发展成熟性，自立，依靠自己，富于自主性

（Prompt words or phrases: developing maturity, standing on one's own, becoming self-reliant, being self-starting）

障碍：过度依赖

（Stumbling block: Excessive dependency）

一个人如果想把事情做好，最好的办法就是自己动手。一般来说，个体应该对自己力所能及的任务或者行动负起应有的责任。所谓自强自立，是指你能够主动及时地去完成该由你负责的那部分工作。

❖ 生活应用

教师如何预见学生会成功呢？这里的成功不仅指在学校里的学业成功，还包括以后在社会中的工作成功。我和格里戈连科曾非常看重能力和动机，这两个方面当然都很重要。之后我们发现独立也同样重要。有许多这样的好学生：老师让他干什么他就会干什么，但是要他自己独立承担一项任务，表现就不尽如人意了。所以，对教师来说，要培养学习优秀的学生，更要培养出色的独立工作者，这点颇为重要。

我有这样一个学生，助教工作做得很好，分配给他的任务他都能一丝不苟地认真完成。然而，令人惊讶的是，他独立工作后却始终不能成为一位好教师。他曾是老师的得力助手，却无法有效地独立开展教学工作。

❖ 课堂应用

我们期望学生面对任务时，能表现出一定程度的独立性。就算是小学低年级的儿童，我们也希望他们能逐渐独立地承担一些任务——记住把试卷带回家，在教室里能独立地学习，按时完成作业等等。儿童如果没有与其年龄相符的独立性，要想在学校取得突出的成绩，难度会大很多。

家庭生活往往难以培养起学生应该具有的独立性。在某种程度上，无论在学校里，还是工作以后，学生都应该独立自主，尽量不依赖别人。但是很多学生似乎不知道这一点，总希望别人能替他们完成任务，又或者希望有人能时不时地告诉他们该怎样做。如果没有这些帮助，他们就会感到一切乱了套，结果就导致他们宁愿去选择一些责任较轻的任务，并因此很难发挥出自己真正的水平。

本项技能结合八门学科应用举例如下。

语文（初中 — 大学）	教师鼓励学生自己努力寻找好的小说范本作为创作的借鉴，而不是一味依赖老师出主意。
数学（初中 — 高中）	教师鼓励学生在提出请老师帮忙辅导之前，先自己多做练习卷和模拟题。
科学（小学 — 初中）	教师鼓励学生通过画出人体器官运行示意图来复习相关内容。
社会（高中 — 大学）	教师鼓励学生提前几周准备论文的相关观点，以便能够提出有独到内容的看法。

外语(初中 — 大学)	教师鼓励学生积极参与课堂讨论,及时查明错误,以免因未能发现学习中的缺陷而留有遗憾。
美术(初中 — 高中)	教师鼓励学生表现其成熟性,独立发现可供自己模仿的优秀作品,而不是仅仅依赖老师的建议。
音乐(初中 — 大学)	教师鼓励学生表现出自主性,例如在倾听大师演奏的作品时能够把握其精髓,而不是依赖老师的现场指导。
体育(小学 — 初中)	教师鼓励学生自己开展训练计划,不要总是等着老师布置任务。

❖ **用心实践**

教师应当列出可以与学生一起讨论的五项活动,这些活动应该能够培养学生的独立性。

第34课：善于应对个人困难
LESSON 34: HANDLE PERSONAL DIFFICULTIES

目标技能： 克服个人困难

（Targeted skill: Surmounting personal problems）

提示词语： 保持清醒的头脑，坚持工作，克服，不管，继续，增强韧性

（Prompt words or phrases: keep in perspective, work through, overcome, despite, carry on, develop resilience）

障碍： 消沉于个人困难中

（Stumbling block: Wallowing in personal difficulties）

  每个人都会有一些自己的难处，但是困难的程度却是各不相同的。有些人的生活坎坷不断，有些人的生活一帆风顺。在人的一生中，欢笑和痛苦总是相伴而生，要学会从容应对。面对问题，每一个人都必须选择是被困难吓倒还是迎头克服困难。不管人们是否愿意，生活中的重大变故总是会对工作产生一些影响，人需要接受事实并坦然处之，而不是陷在个人的困难堆里难以自拔，从而拖垮工作，折腾自己。一个人在遇到困难时，他所从事的工作，以及其他人，都有可能向他提供他所需的慰藉。我们既不应该逃避必须面对的困难，也不应该让困难吓倒自己。

❖ **生活应用**

  来自不同文化背景的学生有不同的家庭，也会遇到不同的困难。当然，

教师也一样。几乎每个人在生活中都会遇到重大挑战。挑战必然出现,关键在于人们如何面对这些挑战。是让死亡、婚变、病痛或者贫困等使我们陷于消沉或者绝望,还是坚强勇敢地去面对,重新振作起来?每一个人都能掌握自己的命运,关键是自己如何选择——是选择控制还是被控制。

❖ **课堂应用**

教师需要给学生提供一些经受住巨大挫折的考验而重新振作起来的个人事例。马丁·路德·金(Martin Luther King, Jr, 1929 — 1968,美国牧师,黑人民权运动领袖,曾获1964年诺贝尔和平奖——译者注)曾遭到种族主义者令人难以置信的非难,却没有被打倒;伟大的林肯总统出生于一个非常平凡的家庭;曼德拉(Nelson Mandela, 1918 — 2013,南非著名政治领袖,南非前总统——译者注)一生饱受牢狱之苦,却成为南非的领袖和英雄,而且全世界都敬仰他为英雄。

本项技能结合八门学科应用举例如下。

语文(小学 — 大学)	教师鼓励学生以自己的生活磨难为原型开展创作,如痛失一位良师益友,写一篇关于这方面的文章。
数学(小学 — 大学)	教师鼓励学生注意这样的事实:虽然学校中有许多不尽如人意之处,但是如果不肯努力学习的话,只会增加日后人生的烦恼。
科学(初中 — 大学)	教师鼓励学生通过欣赏大自然来慰藉心灵的创伤,减轻生活的痛苦。
社会(小学 — 高中)	教师鼓励学生就酒后驾车的恶习发表看法,以帮助大家痛定思痛,吸取教训。

外语（初中 — 大学）	教师鼓励学生在遇到困境时，写写关于其他文化背景的人是如何排遣心中的隐痛，从而度过艰难时期的心得。
美术（初中 — 大学）	教师鼓励学生用手中的画笔来表现自己的情绪状态，排遣心中的烦恼与不快。
音乐（初中 — 大学）	教师鼓励学生弹奏一些轻松欢快的乐曲来调节低落的心情，舒缓压力。
体育（小学 — 初中）	教师鼓励学生将注意力集中在如何赢得比赛，从而减轻因个人遭遇带来的一时痛苦。

❖ 用心实践

教师应当列出五项活动，帮助学生认识到个人困难并克服其消极影响。

第 35 课：专心致志
LESSON 35: CONCENTRATE

目标技能：集中注意力
（Targeted skill: Concentrating）

提示词语：集中注意力，专注，聚焦，留心，全神贯注，废寝忘食
（Prompt words or phrases: concentrate, attend to, focus, heed, center in on, be engrossed in）

障碍：注意力分散，缺乏专注
（Stumbling block: Distractibility and lack of concentration）

有些人虽然很聪明，但是难以集中注意力专心致志地做成某一件事情。他们表现出来的缺点是极易分神，注意力集中的时间很短，结果，往往什么事也干不了。从一定程度上说，人不可能完全控制自己。分心总是会有一点的，因此，如果一个人能集中注意力，也就没有什么需要特别担心的了。但是如果极易分心，很难集中注意力，那就需要调整一下工作环境，尽量减少周边可能引起注意力分散的事物。实际上，他们有必要设置一个专门的工作环境，以保证自己不受干扰、专心致志地完成任务。否则，他们就难以实现目标。

❖ **生活应用**

几个月前，我去听了一场大提琴独奏音乐会。正当这场音乐会还在进

行时，一位听众的助听器出了问题，发出尖锐的噪音，而且声音很大，许多听众再也无法集中注意力专心听大提琴演奏了。在这种情形下，令人惊奇的是那个大提琴手，他不紧不慢地在演奏，而且没出一点错，好像根本没有发生任何意外。事后，我问他为何可以不受干扰。他回答说，不管哪一个行业，真正的行家不仅要做得最好，而且要能够做到不管在何种情况下都做得最好。在音乐会上，他展示了自己的能力——给听众以最好的演奏，而且不受任何干扰。当然，抗干扰的能力也是有限度的。不过，据说在泰坦尼克号下沉的过程中，音乐家们都没有停止演奏。

❖ 课堂应用

对于那些特别容易分神的学生，教师可以为他们提供一个适宜的环境，也可鼓励他们自己营造一个这样的环境（如找一个安静的地方做作业）。不同的学生对背景声音的反应不同。有些学生边听音乐边做作业效果更好，而有些学生听到音乐则要走神。学生们需要了解何种类型、何种程度的背景声音能提高自己的工作效率。

本项技能结合八门学科应用举例如下。

语文（小学 — 大学）	教师鼓励学生在空旷无人的礼堂中熟记台词，因为家里人多，会受干扰。
数学（小学 — 大学）	教师鼓励学生通过与同学一起解题、核对答案来减轻长时间单独解题所带来的乏味感。
科学（小学 — 大学）	教师鼓励学生到图书馆去看书，不要在家里边开着电视边看教科书。

社会（高中—大学）	教师鼓励学生专心致志地完成论文，而不要因一些相关枝节问题分心，如写一篇关于安乐死的论文，不要因诸如国家医疗质量这样的问题分了心。
外语（初中—大学）	教师鼓励学生在练习口语对话时佩戴耳机麦克风，防止受到别人的干扰。
美术（小学—高中）	教师鼓励学生寻找能够激发灵感的地方去创作，如到风景如画的公园里去写生。
音乐（小学—大学）	教师鼓励学生每天在固定的时间和地点进行练习，以便养成习惯。
体育（小学—大学）	教师鼓励学生在比较清闲的时间去体育馆训练，以避免人多事杂，导致分心。

❖ 用心实践

教师应当列出分派给学生的，并可以与其讨论的五项活动。这些活动将有助于学生避免分神，全神贯注于当前的任务。

第36课：做事合理安排
LESSON 36: SCHEDULE ACCORDINGLY

目标技能： 合理安排活动

（Targeted skill: Distributing activities sensibly）

提示词语： 分配，划分，计划，安排，勇于说"不"，处理事情分轻重缓急

（Prompt words or phrases: apportion, divide, plan, schedule, just say no, prioritize）

障碍： 想做的事过少或过多

（Stumbling block: Spreading oneself too thin or too thick）

有些人喜欢同时做许多事情，摊子铺得很大，搞得疲于奔命，最后还是一事无成。问题不在于他们不够努力，而是在每一件事情上都无法投入足够多的精力。这样的人应该调整心态，在接受多项任务之前，最好掂量一下是否能够在合理的时间内一一完成。

还有一些人则相反，在同一时间段内只能盯住一两件事情去做。虽然这样办事情能够保证完成任务，但是任务做得太少也浪费了精力，而且会错过许多机会，降低成就感。

人们需要学会如何分清主次，合理地安排各项活动，以发挥出最佳水平。应该避免同时承担过多或过少的任务。

❖ 生活应用

格里戈连科认识一位教师,她似乎从来不会拒绝别人。她想取悦每个人,学生请她指导,她立即答应;领导给她加课,她也接受;有人邀请她加入什么委员会,她也不拒绝。最后,这个乐于助人、积极奉献的教师,却在申请终身教授资格时遭到了拒绝。为什么?理由是她把自己的精力分得太散。因为要为这么多人做这么多事,她忽略了自己最重要、最该做的事,比如自己的科研工作。同时做太多的事,既没能使领导部门满意,也没能让自己满意,而且她常常为不能完成自己的预定计划而失望。

❖ 课堂应用

学生应该了解对自己而言究竟多大的工作量是适宜的,要能决定在不影响学习的前提下,可以参加多少种课外活动,哪些活动对自己来说是重要的,哪些活动是可有可无的。一个人如果在学生时代没有学会如何处理这些事情,那么将来可能终生都为此付出代价。

本项技能结合八门学科应用举例如下。

语文(高中)	教师鼓励学生适当控制参加社团活动的数量,不要仅仅凭着兴趣四面出击。(如,一个全日制学生已经参加了读书俱乐部和诗歌爱好小组,教师可以建议他不要再参加其他社团了)
数学(初中—大学)	教师鼓励学生合理安排时间,以完成阅读教材、作业和检查核对等学习任务。
科学(大学)	教师鼓励学生合理安排时间参加化学提高班学习、辅导化学初级班实验、选修其他课程,并且能适当休息。

社会（小学 — 大学）	教师鼓励学生排序和遴选自己感兴趣的几个社团，以便能够积极参加社团的各项活动。
外语（高中 — 大学）	教师鼓励学生对自己做出合理评估，看看是否有足够的信心休学一年去参加校际交流活动。
美术（高中 — 大学）	教师鼓励学生根据资金筹集和项目要求等情况妥善决定要采购多少材料。
音乐（初中 — 大学）	教师鼓励学生在确定了要排练的乐章之后，先分配好各个部分的练习时间，以便在一周后的汇报演出中能让人刮目相看。
体育（小学 — 大学）	教师鼓励学生根据轻重缓急合理安排各项运动项目，以便决定到底要参加哪几个项目。

❖ 用心实践

教师应当列出分配给学生的，并可以与其讨论的五项活动。这些活动应该能帮助学生学会确定他们准备从事的活动，并合理地安排活动时间。

第 37 课：勿忘大局
LESSON 37: SET PRIORITIES

目标技能： 始终不忘目标

（Targeted skill: Keeping the goal in view）

提示词语： 确定重点，着眼于全局，盯着最终目标

（Prompt words or phrases: set priorities, see the big picture, keep your eye on the goal）

障碍： 只见树木不见森林

（Stumbling block: Inability or unwillingness to see the forest for the trees）

有些聪明人为什么难以成大事？事实上是因为他们分不清主次，不能把握全局，也就是说，他们往往会过分地纠缠于细节而难以脱身，一叶遮目而迷失了方向。当然，生活中有时候确实需要关注细节，但是千万不要因此忘了大局。例如，有些教师每日忙着准备自己的教学课程，批改作业等等，而看不到更广阔的目标。

❖ 生活应用

当然有些时候，细节非常重要。例如，在设计电脑、宇宙飞船或汽车的时候，即使是最小的疏忽也可能导致机器故障，带来严重的后果。然而，生活中的很多方面却需要我们着眼于全局，或者至少不要忽视它。多年来我

和格里戈连科见过不少这样的学生,他们对自己的工作不是感到无聊,就是感到失望,或者两者兼有。职业生涯不成功的原因多种多样,其中之一就是不会统揽全局。父母包办、金钱所累或者在做出不当选择之后没有及时调整,这些都是一叶障目不见森林的表现。

❖ 课堂应用

学生很容易沉迷于日常生活事务,而忘记了自己的宏图远志。如果是这样,教师应该经常提醒学生仔细掂量自己正在做的事情究竟有没有价值,自己到底想成为什么样的人。否则,他们最终会不知道究竟应该怎么做才能有助于实现目标,甚至连最初的目标是什么都抛到九霄云外了。

本项技能结合八门学科应用举例如下。

语文(小学 — 大学)	教师鼓励学生理解作者真正的写作意图,而不是仅仅依据文字描述的表面现象做出判断。
数学(小学 — 大学)	教师鼓励学生不仅要了解如何应用运算法则,而且还要知道应该在什么时候运用这一法则。
科学(高中 — 大学)	教师鼓励学生认识到,如果将来有志于参加制造跑车的工程比赛,现在就应该下功夫学好物理。
社会(小学 — 大学)	教师鼓励学生了解:知过往而晓当下,识现状而明未来。
外语(初中 — 大学)	教师鼓励学生注意积累单词,明白不积跬步,无以至千里;不掌握单词,就难以开口与人交流。
美术(初中 — 大学)	教师鼓励学生知道必须先从基本的、枯燥的绘画技巧上下功夫,这些技巧会使他们的绘画更流畅,更合乎比例,更能有效表达某种重要的特征。

音乐(小学 — 大学)	教师鼓励学生坚信:不下功夫练好音阶,那就很难掌握娴熟的演奏技巧。
体育(初中 — 大学)	教师鼓励学生记住:一些细小的习惯,例如呼吸的频率,如果不注意调整好,也会影响比赛成绩。

❖ 用心实践

教师应当列出五项活动,分配给学生,并与其讨论。这些活动应该可以帮助学生避免沉迷于细枝末节,学会着眼于全局目标。

第 38 课：平衡三种智力品质
LESSON 38: BALANCE THINKING SKILLS

目标技能：保持分析性思维、创造性思维和实践性思维之间的平衡
（Targeted skill: Balancing analytical, creative, and practical abilities）

提示词语：平衡，判断，取得平衡，调节
（Prompt words or phrases: balance, judge, equalize, adjust）

障碍：分析性思维、实践性思维和创造性思维之间失衡
（Stumbling block: Lack of balance among analytical, creative, and practical thinking）

生活中有些时候需要批判与分析，有些时候需要创造与综合，还有些时候则需要实际执行能力，重要的是要知道在什么时候需要运用哪一种智力成分。

❖ **生活应用**

我几年前访问香港时曾在香港教育学院（National Institute of Education）做过关于创造性的报告。一位教师对我的演讲表示不解，她认为教书并不是一项具有创造性的工作，那么为何还要谈教育的创造性呢？

与这位教师的认知相反，我认为成功的教师都能在分析能力、创造能力和实践能力之间保持协调平衡。分析能力用于指明哪一种教学方式管用，哪一种不管用；创造能力用于教学革新，增进教学的灵活性和生动性；实践能力保证依据学生的实际情况做出调整和提高针对性。在这个知识、

技术,甚至社会习俗都瞬息万变的时代,善于变通对于取得成功是非常重要的。教师还要根据学生的实际水平,以正确的方式进行教学,这就需要实践能力。三元智力不仅适合于培养学生,同样适合于教师自身的专业发展。

❖ **课堂应用**

学生对课堂互动的评价似乎并不客观正确。他们总是抱怨老师用客观选择题型的测验来测试,这样根本看不出他们的创造性;却又抱怨老师评阅论文只注重灵感和创造性,而无视论文的流畅性和良好的组织结构。虽然这些学生可能具有优秀的分析能力和创造能力,但他们却不知道什么时候该用哪种能力。

因此,培养学生学会在不同的情境使用不同的思维模式,这点很重要。例如,多项选择题型为主的标准化智力测验通常无法展示人的创造性,但是专门为测试创造力设计的测验就可以,而研究课题或项目往往才是展示创造力的关键。解决问题不是仅仅有分析能力、创造能力和实践能力就够了,还要知道在什么时候用哪种能力。理想的做法是,教师应该教会学生平衡地使用这些成功智力,即第三章中的爱丽丝、芭芭拉和赛丽分别所表现出的能力。

本项技能结合八门学科应用举例如下。

语文(高中 — 大学)	教师鼓励学生认识到,在写阅读体会时需要三种能力:一是运用分析能力鉴别人物的性格特点,二是运用实践能力证明人物性格的真实性,三是运用创造能力发现并且写出自己对作品的独特理解。

数学（高中）	教师鼓励学生了解：解答教材中的几何题最需要的是分析能力。
科学（初中—大学）	教师鼓励学生了解：开展一项实验室实验需要运用分析能力去鉴别实验成分，运用创造能力勾勒出别出心裁的实验方案，运用实践能力准确地开展实验步骤并将学习结果用于现实中。
社会（小学—大学）	教师鼓励学生了解：要有创意地完成课程作业，前提是应该有合理分析和实际应用的支撑。
外语（小学—大学）	教师鼓励学生了解：如果经常需要与外国人来往，那么学好一门外语是很实用的。
美术（小学—大学）	教师鼓励学生了解：美术创作需要运用创造能力激发创意，需要运用分析能力思考创作技巧，需要运用实践能力使得作品有吸引力。
音乐（高中—大学）	教师鼓励学生了解：在实际创作作品时，一定要考虑作品的主要听众是什么样的人。
体育（初中—大学）	教师鼓励学生了解：即使是体育运动也需要创造性，尤其是两个队实力相当的时候，谁能出奇招谁就能赢。

❖ **用心实践**

教师应当列出五项活动，分配给学生，并与其讨论。这些活动应能帮助学生学会平衡应用三种成功智力的思维技能。

第39课：增强自信

LESSON 39: DEVELOP SELF-CONFIDENCE

目标技能：培养适度的自信

(Targeted skill: Developing realistic self-confidence)

提示词语：检查和评估，平衡骄傲和谦恭

(Prompt words or phrases: reviewing and assessing, balancing pride and humility)

障碍：自卑或自负

(Stumbling block: Too little or too much self-confidence)

每个人都需要足够多的自信心来度此一生。生活喜欢摧残一个人的自尊心以及他（她）对自己的看法，这种情况是如此之常见，以至于如果缺乏自信，他（她）就只能听凭那些接连不断或大或小的打击的发落。缺乏自信能够慢慢啃噬掉一个人把事情做好的能力，因为他（她）在工作中的表现看上去似乎他正把面对工作时的自我怀疑变成现实。所以，自信是取得成功的核心要素，你对自己都没有自信，怎能指望别人对你有信心呢？

当然，也不能盲目自大。自信不足会面临受挫，过于自大也会一事无成。许多学生就是这样过于自信的人，不知道什么时候该认错，什么时候需要自我完善。结果，他们也就无法迅速地进步。

❖ **生活应用**

在求职面试时,自大或自卑都会彻底毁了面试官对应聘者的第一印象。自卑的应聘者不能激发面试官的信心,也使得雇主对他们失去了信心。而过于自信的应聘者会招致面试官的反感,甚至想打击一下自负的他们,让他们知道自己并没有想象的那么优秀,结果当然就是面试不成功,不予录用。

学生教学实习也有同样的问题。不自信的实习生很难得到学生们的尊重,而过于自信的实习生则无法进入自己的角色,配合班级教师搞好实习,也意识不到自己还有许多东西要学。所以,重要的是能在自卑和自负之间找到平衡点。

❖ **课堂应用**

教师能给予学生的最好的馈赠之一,就是引导他们培养适度的自信。换句话说,他们要有高度的自信来不断寻求新的挑战,但不能太自负,盲目地认为自己已经完美无缺。

本项技能结合八门学科应用举例如下。

语文(小学 — 高中)	教师鼓励学生在学校的话剧中扮演有挑战性的角色,以此培养学生的自信。
数学(小学 — 大学)	教师鼓励学生即使在班内成绩名列前茅,也要谦虚谨慎,乐于帮助别人。
科学(高中 — 大学)	教师鼓励学生做出自我评价,是否在考试时盲目自大草率答题,结果出现了失误。

社会（小学 — 大学）	教师鼓励学生在班级讨论中大胆发言，展露自信。
外语（初中 — 大学）	教师鼓励学生有机会要勇敢地加入外语交流，多说多练，不要害羞，一定要自信。
美术（初中 — 大学）	教师鼓励学生在展示自己的陶艺作品时一定要尽力发挥全部潜力，同时注意即使得到好评也不要骄傲。
音乐（小学 — 大学）	教师鼓励学生积极参加各种音乐比赛，提高自己的自信心。
体育（小学 — 大学）	教师鼓励学生在网球场上努力展示自己的自信心，即使失败了也不要一味责怪别人。

❖ 用心实践

教师应当列出分配给学生的，并可以与其讨论的五项活动。这些活动应该能够帮助学生培养自信心，并使其意识到自己的弱点。

第 40 课：实践性思维的补充提示
LESSON 40: ADDITIONAL PROMPTS FOR PRACTICAL THINKING

目标技能： 实践性思维

(Targeted skill: Thinking practically)

提示词语： 利用，运用，应用，付诸实践，执行

(Prompt words or phrases: use, employ, apply, put into practice, implement)

本章阐述了针对培养实践性智力要克服的障碍，一共有19种解决问题的技能。这里的材料与本书的主题"思维教学"似乎关系不那么紧密，还可能有些道德教育的意味。然而通过这些，想了解智力并想开发智力的人会进行思考，因为人们永远不该忘记，影响世界的不是人们的智力水平，而是运用智力所取得的成功。因此，了解智力、发展智力的最终目标应该是在生活中挖掘并充分实现自己的智力潜能。

以下是针对八门课程补充的一些关于实践性思维拓展及应用的建议，希望能起到抛砖引玉的作用。

语 文

◇ 教师鼓励学生在读了汤姆·索亚说服他的朋友一起去粉刷波莉姨妈的篱笆（马克·吐温的小说《汤姆·索亚历险记》中的一段内容——译者注）的故事之后，利用故事中同样的实践技巧来说服

别人买自己的东西。

◇ 教师鼓励学生在读了《手斧男孩》(Hatchet)一书后,思考如果自己一个人在野外,可以应用从作品中学到的哪些求生技巧。

◇ 教师鼓励学生在读了《霍乱时期的爱情》(Love in the Time of Cholera)后,思考应当怎样增进与恋人之间的情感。

数 学

◇ 教师鼓励学生用所学的百分数知识来解释杂货店老板如何根据卖出的商品估算利润。

◇ 教师鼓励学生展示桥梁建筑是如何利用三角几何知识的。

◇ 教师鼓励学生回答如何运用分数乘法的知识解决生活中的应用题:如果用餐的人数小于菜谱规定的人数,那么,怎样修改菜谱的用料定量。

◇ 教师可以建议学生开办班级模拟银行。

科 学

◇ 教师鼓励学生利用植物的光合作用,讨论并实验证明植物对氧气的生成起着重要的作用。

◇ 教师鼓励学生模拟实践细菌繁殖,并思考理解抗生素的发现过程。

◇ 教师鼓励学生运用相关理论和因果关系来解释健康和饮食量的相关性并不意味着吃得多身体就好。

◇ 教师鼓励学生想象生活在重力比地球小很多的星球上会怎么样。

社 会

◇ 教师鼓励学生以伊拉克战争为例解释:为什么一个国家参与战争

时要有一个明确的目的。

◇ 教师鼓励学生分析美联储是如何根据通货紧缩的压力来决定是否要提高利率的。

◇ 教师鼓励学生根据美国宪法第一修正案的条例来思考，如果抗议者们在市区街道的人行道上举行和平游行以抗议政府的某些措施，联邦政府该怎么办。

外 语

◇ 教师鼓励学生用他们所学的日本社会习俗方面的知识，来描述该怎样把一位日本朋友的父母介绍给自己的父母。

◇ 教师可以让学生思考语言借用的知识，如何运用已经掌握的拉丁语知识来增加自己的英语词汇量。

◇ 教师鼓励学生运用外语和同学讨论全球变暖的危险。

美 术

◇ 教师鼓励学生思考，广告艺术如何对消费者的心理产生影响，吸引人们去买他们并不需要的东西。

◇ 教师鼓励学生思考，政治漫画家如何故意运用扭曲、夸张等手法表现敏感话题，营造幽默效果。

◇ 教师鼓励学生用建筑学理论阐释五角大楼结构的视错觉现象。

音 乐

◇ 教师鼓励学生思考，为什么超市工作人员在人们选购商品时要放曲调很柔和的音乐。

◇ 教师鼓励学生思考，大提琴家在演奏乐曲时，是如何使用颤音来营造某种氛围的。
◇ 教师鼓励学生运用乐理知识描述单簧管和小号在声音上的区别。

体 育

◇ 教师鼓励学生思考,如何将自己在运动场上学到的体育精神应用到日常生活中。
◇ 教师鼓励学生思考,棒球投手如何运用心理学知识将球巧妙地投给击球手。
◇ 教师鼓励学生思考,如何能将一项运动中的某些规则应用到实际生活中。

❖ **用心实践**

教师应当举出五个例子,来说明如何在教学中运用实践性思维技能。

|第三编|

开发成功智力单元教学

最后这一编是本书最重要的一部分,因为这部分能够引导教师在课堂上真正完成教学和培养学生的技能,其中提出的三元教学模式更是能帮助教师应用成功智力的三种思维能力设计课堂教学。第八章中提供了一个详细的单元课堂实例,展示分析性能力、创造性能力、实践性能力和各项活动如何融会贯通。我们希望三元教学模式能够真正激发教师思考,并使其在自己的课堂中创造出具有挑战性的教学体验。

第七章

三元教学与评估的框架
Framing Triarchic Instruction and Assessment Units

本书的前两编讨论了为什么要发展成功智力，成功智力中分析性、创造性和实践性三种智力的价值，以及运用这三种能力来处理教学问题的重要性。如果教师已经认同成功智力的教学观点，也就是从成功智力的三个方面进行教学和评估，那么，下一步就有必要探讨如何在日常的教学中结合学科内容实施成功智力教学。本章的关注点将从怎样提高学生的成功智力转移到怎样设计和实施课堂教学，使学生在学习和思考中培养和学会应用这三种智力。本章将介绍一个具体的执行方案，即三元教学与评估（Triarchic Instruction and Assessment，简称 TIA），包括 TIA 的实际意义、TIA 的具体操作步骤，以及关于 TIA 在教学和评估的材料中枚举的大量例子，这些都将指导教师去开发能够促进学生三种智力学习能力的单元设计模式。（更多 TIA 内容见 Stemler，Elliott，Grigorenko，& Sternberg，2006；Sternberg，2002，2003，2006；Sternberg & Grigorenko，2002；Sternberg & Williams，2001）

三元教学与评估的要义

三元教学与评估能够在课堂中实施成功智力教学。除了要培养学生的分析性智力、创造性智力和实践性智力,三元教学与评估还有一个长远的目标,那就是为学生在走向社会与建立家庭时获得成功打下基础。三元教学与评估面向大多数学生,倡导多样性和独特性,使他们个个有机会,人人能成功。它的一个宗旨是营造一种友好的学习环境,使学生和教师都不用担心难学、难教,而是会选择恰当的途径去学习与教学。在这个学习环境中,学生可以轻松地说"我应该用另一种方式去学会",而不是"我学不会";而教师也能轻松地说"我可以用另一种方式去教",而不是说"我教不会他(她)"。

三元教学与评估是什么

三元教学与评估意味着以下几点:(1)教师要寻找最适合发展学生分析性智力、创造性智力和实践性智力的教学内容(材料);(2)拓展传统教学方法无力开发的学生的更广泛的才能;(3)帮助学生扬长避短和取长补短;(4)增强学生的学习动机。这些能够使最初的期望更加清晰。例如,想要学生有创新,就要培养学生的创造性智力,因为教师开始理解,当学生有了一些原始的想法,不能一味地忽视或惩罚,而应该尽量地鼓励(O'Hara & Sternberg, 2000 — 2001)。

表 7.1 三元教学与评估:是什么

◇ 寻找最适合的教学内容
◇ 拓展学生更加广泛的才能
◇ 扬长避短和取长补短
◇ 增强学生的学习动机

寻找最适合的教学内容

首先,三元教学与评估指的是寻找最适合发展学生分析性智力、创造性智力和实践性智力的教学内容(材料)。请看下面的例子。

布朗女士是一位高中科学教师,她在教原子结构时,想使学生能够发挥出所有的能力。她努力通过让学生对照电子、质子与中子的各种特点来发展学生的分析能力;让学生把电子、质子与中子想象成三个伙伴并且说明它们之间的关系,以此发展学生的创造能力;还要求学生思考原子结构在核裂变释放原子能的过程中如何发挥作用,以此来培养学生的实践能力。

拓展学生更加广泛的才能

三元教学与评估意味着力图开发学生多方面的才能。它的核心理念是教育工作者应该坚信学生能力类型的多样性。这一假设可以用下面的例子加以说明。

五年级学生艾莉森有严重的拼写障碍,她在记忆单词方面没有少下功夫,但是每当需要书写单词时,她却无论如何也记不起来该单词是怎么拼写的。艾莉森在拼写考试中很少及格。于是,她的老师开始在阅读课中运用三元教学模式,试图改变她的学习方法。老师请学生学习生词时要闭上眼睛想象,用不同的颜色将各个音节联系起来,并且将生词想象成某一个图像。接下来,再一个音节、一个音节地朗读单词,在此基础上练习书写。这种以想象为特征的学习方法对艾莉森很管用。她闭上眼睛想象单词,把不同的音节转化成不同的颜色,并开始想各种颜色图式带到大脑中的不同表象。她的想象力弥补了她原有的缺陷。通过三元教学模式单元的学习，她在所有拼写考试中都能获得 60 分以上了。

扬长避短和取长补短

三元教学与评估旨在帮助学生扬长避短和取长补短。所有的学生都可以通过三元教学与评估来实现这一目标。三元教学模式不是让一种教学方法只与学生的一种能力优势紧紧匹配。换言之，三元教学模式不会认为爱丽丝（分析性能力强）应该仅仅接受分析性教学，芭芭拉（创造性能力强）应该只接受创造性教学，而赛丽（实践性能力强）应该只接受实践性教学（参看第三章的例子）。三元教学与评估认为所有的学生都应该接受全方位教学，即三元教学。这将使她们不但能在相应的活动中发挥自己的能力（即爱丽丝的分析性智力、芭芭拉的创造性智力、赛丽的实践性智力），还能在"扩展类"的活动中改正和弥补自己的弱点。例如，对爱丽丝而言，创造性和实践性的任务起初可能是个挑战，但是最终她会更加自如地处理它们。而且，正因为她在完成这些任务时可能会感到不自在，所以把她这些弱势技能提高到自己的最大限度就显得非常重要了。要想取得成功，她就需要这些技能。

增强学生的学习动机

三元教学与评估力图增强学生的学习动机。来自于学生和教师的反馈都表明，三元教学与评估所采用的教学内容或者教学材料大受欢迎，使得教师和学生一次又一次地表现出对创造性课程极高的兴趣，这些材料能够展示教师和学生自己的知识和个性。（在这样的教学中教师不是照本宣科,学生也不是死记硬背,三元教学与评估倡导创造性地使用教材——译者注)例如,在康涅狄格州举办的以成功智力理论为基础的"教师专业综合培训项目"(Expert Learning for All Through Teacher Education,简称 ELATE)中,一位参与者在接受培训之后对项目评价道:

> 我觉得创造性活动能够让我发挥自己的优势。我喜欢提出自己的想法,这样能够体现出我是什么样的和我能做什么,而不仅仅是按照书上的要求去做。

三元教学与评估不是什么

明白三元教学与评估不是什么,这很重要。三元教学与评估不是指同样的内容要用三种方式来教三次,也不是强行地将教学内容纳入三种教学方式(分析性、创造性、实践性的方法)中的某一种,不是为了培养思维能力而牺牲对知识的获得与掌握,也不是期望学生在这三个方面都有相同的学习结果。

表7.2 三元教学与评估:不是什么
◇ 不是用三种方法教同一件事情
◇ 不是把材料主观地纳入某种智力的教学之中
◇ 不是为教思维技巧而牺牲知识的学习
◇ 不是对所有学生都提出相同的教学要求

教学方法

三元教学与评估绝不意味着"总是"用三种不同的方法来讲授同样的

单词、单元、概念和课程，理解这一点很重要。三元教学与评估指的是任何科目的任何内容都可以用一种以上的方法开展教学。实际上，三元教学与评估隐含如下推理：任何教学内容（如对十进制、国家位置、人体器官的作用，或者是外语单词的意义的理解）都可以用三种不同的方法来进行教学，但是特定的内容用某种方法更合适。例如，一位中学数学教师在讲授"大数"的概念时，可能会要求学生把百万（million）、十亿（billion）、万亿（trillion）、千万亿（quadrillion）、百亿亿（quintillion）等大数想象成一部新电视剧中的不同角色。然后让学生列出两到三个形容词去描述每个角色的特点，并且进一步描述这些角色有什么样的联系。这是一种让学生去理解数学中的大数概念的创造性方法，因为在日常生活中找到这些大数的例子是相当困难的，所以这位老师在讲这一课时，没有使用实践性方法。

方法偏好

对三元教学与评估的另外一个常见的错误理解就是认为所有的教学内容都应纳入三种教学方法（分析性、创造性与实践性方法）中的一种。但是实际上，三元教学与评估并不意味着教学内容必须被强行纳入到某一种教学方法之中。重要的是，不论每天、每周，还是每年的教学中，这三种教学方法的运用都必须适合每个学生的能力模式。换言之，教师要通过各个学生所偏爱的方法去激励他们学习。

知识掌握与技能学习的平衡

三元教学与评估并不认为，为了培养思维技巧必须牺牲知识内容的获得和掌握。分析性、创造性和实践性思维策略都需要通过知识和内容进行教学,而不是取代知识内容。

学习结果

三元教学与评估希望所有学生都能取得尽可能好的学习结果,但绝不是相同的结果。(即不强调学生在三种智力方面有同样出色的表现,从而导致千人一面——译者注)三元教学与评估既不会想当然地认为学生能获得同等的进步,也不会指望消除学生的个体差异。它是一种工具,用来保证知识能以不同的方法进行传达,以匹配学生各不相同的能力模式。三元教学与评估不但能使学生发展自己的优势(通过顺应已有能力模式),还可以使他们弥补自己的弱点(通过扩展其他的能力模式)。

三元教学与评估的单元框架

在课堂中引入三元教学与评估,其目的在于创建一个支持性的学习共同体,以帮助学生了解自己的能力优势,理解每一个成员对学习共同体所做贡献的独特性,欣赏学生发展的多样性。由于创建支持性的学习共同体并非易事,需要付出长期的努力,因此这是一项具有挑战性的艰巨任务。三元教学与评估只是达成这一目标的一种重要手段。下面将详细讨论三元教学与评估的三个步骤:(1)课前准备活动;(2)设计一个三元教学与评估单元;(3)实施三元教学与评估单元。

课前准备活动

课前准备的主要目的是为了营造一种特殊的学习环境。这种学习环境主要体现为一种基本的单元,以便将各个教学成分整合为一个统一的整体。学习环境涵盖了教学与评估的主要方式,教室物理环境的布置以及学生能力方面的优势。因此,为学生营造一个适合于三元教学与评估的学习环境包括以下几个方面:(1)为三元教学与评估做好准备;(2)对学生群体进行摸底了解,确定他们各自的优势能力偏好;(3)重新调整教室的物理环境以便能够适合三元教学与评估方式;(4)为持续开展三元教学与评估创造各种条件。

表 7.3　三元教学与评估课前准备活动内容

◇ 为三元教学与评估搭建平台
◇ 确定学生能力模式的偏好
◇ 调整教室的内部环境
◇ 为持续开展三元教学与评估创造各种条件

为三元教学与评估搭建平台

开始三元教学与评估之前,教师与学生应该为富有挑战性的三元教学与评估课堂搭建好平台,做好准备,形成学习共同体,这是非常重要的(表7.4)。首先,要使学生对个性差异产生兴趣。教师要让学生相信,教师希望他们发挥个性,因为教师可以接受他们不同的能力模式,无论其在分析性、创造性、实践性中采用哪一种智力模式,做出的成绩都会得到奖励。教师可以说明,通向成功的道路有多条,但在他们的班级中,成功的标准却是很高,每一个学生都要发挥优势,无论采用分析性、创造性和实践性智力中的哪一种能力,都需要掌握学习内容。

教师应该鼓励学生在三元教学与评估中力求成功,同时不断地为学生提供机会,使他们能够全面发展自己的三种能力(分析性、创造性和实践性能力),并且从这三个方面来评价学习成果。在使用无论哪一种方法来学习时,学生与教师都要共同承担责任。

表 7.4　三元教学与评估中学习共同体的基本特征

实施三元教学与评估中创建学习共同体的特征,学生们将:
◇ 有机会展示自己的能力从而增强自信
◇ 感受到每一个人都被集体接纳
◇ 接纳、理解并且欣赏共同体中的每一个成员
◇ 坦然面对失败,积极寻找克服困难的其他途径来掌握困难的教学内容
◇ 千方百计化解矛盾,克服困难,以使成功最大化
◇ 了解并且能够平衡自己的优势与局限
◇ 努力扬长避短和取长补短

确定学生能力模式的偏好

三元教学与评估并不是简单的能力匹配,而是通过多种方法进行教学,使学生不但能够通过自己偏好的教学方式学习,也能够适应不偏好的教学方式。此外,还可以帮助学生和教师去认识学生的能力模式(即优势和局限)。学生对自己的优势与局限进行自主评估,可以帮助教师更好地理解、监控和鼓励学生的个性化学习方法;另一方面,学生了解了自己的学习能力优势偏好,也能够有助于安排好他们自己的学习计划以期取得更满意的学业收获。

有很多传统方法可以使教师引导并鼓励学生了解自己的能力优势偏

好,例如反思、日记、讨论和课程评价。这样做可以帮助学生习惯于彼此分享各自学习能力中的偏好、优势与局限、喜爱与厌恶。下面的两个策略也许将有助于发现学生的能力模式。

策略1:教师可以让学生列出他们喜欢的活动。(参考表7.5中列出的例子)教师最好不要标明问题所指向的能力偏好(指不要在问题后面把分析性、创造性、实践性的能力这些词明显地写出来——译者注),也不要在问卷上把指向不同能力偏好的问题混合在一起。由于这种策略面向各个年龄层次的学生——下至小学生,上至高中生,教师要根据学生的年龄层次和教育程度来制定自己的表格。

表7.5 策略1:确定学生能力模式偏好的活动样例

我喜欢做的事

阅读下表后请在你喜欢的项目上打钩。

我喜欢……

分析性

◇ 当我读故事或者听故事的时候对人物进行分析
◇ 将不同观点进行对比
◇ 爱对自己的或者别人的事情提意见
◇ 有条理或者分析透彻地思考
◇ 偏爱逻辑性强的东西
◇ 评价自己或者别人的观点
◇ 评价自己或者别人的行为
◇ 向其他人解释疑难问题

（接上页）

◇ 解决逻辑性强的问题
◇ 做出推断和得出结论
◇ 整理与归类
◇ 爱琢磨事情

创造性
◇ 设计新事物
◇ 提出新设想
◇ 运用想象力
◇ 扮演假想游戏
◇ 设想多种解决问题的办法
◇ 关注其他人容易忽略的事情
◇ 用形象或者图示来思考
◇ 发明新东西（如菜谱、词语或者游戏等）
◇ 假想一些不同的事情
◇ 思考如果改变某些事情将会发生什么
◇ 谱写新歌曲或者新乐曲
◇ 表演或者角色扮演

实践性
◇ 将东西拆开再拼装起来
◇ 做中学（通过动手来学习）
◇ 喜欢交友且重友情
◇ 理解和尊重别人
◇ 将所学的东西付诸实践
◇ 解决冲突
◇ 对遇到困难的朋友会提出建议
◇ 说服某人去做某事

（接上页）

> ◇ 在与人交往中学习
> ◇ 运用自己的知识
> ◇ 与别人协作共事
> ◇ 适应新环境

策略2：教师可以要求学生在一个假想的情境中扮演不同的角色。学生们需要从自己的同学中选择，谁来扮演什么角色，并解释做出这种选择的理由。（参考表7.6中列出的例子）

表7.6　策略2：确定学生能力模式偏好的活动样例

组建一个小组

　　假定你要执行一次飞向火星的任务。你将在太空停留一段时间，同时完成一项重要的任务并要按时返回。你将担任队长，负责一个包括你在内的三人小组（请你从同学中选出两位伙伴一起完成任务）。小组成员所需要的技能包括：（1）头脑冷静，思考有条理，分析问题透彻；（2）发明和设计新事物以应对新情境；（3）东西损坏了会修理（或者懂得如何与人相处）。在以下问题中，圈出你的答案：

　　你认为你自己具备上述必备技能中的哪一种？（只选一项）
　　（1）　　　（2）　　　（3）

　　你认为哪一位同学适合担任小组一号成员？他（她）应该具备哪一种技能？（只选一项）
　　（1）　　　（2）　　　（3）

　　你认为哪一位同学适合担任小组二号成员？他（她）应该具备哪一种技能？（只选一项）
　　（1）　　　（2）　　　（3）

调整教室的内部环境

如果每一个班级都有自己专用的固定教室的话,教师与学生可以一起想办法对原来的教室布局做出调整,以方便学生了解教室的物理环境,这将为每一个人发挥不同的能力创造条件。例如,可以有一个地方是专门张贴一些展示招贴栏的,教师可以贴一些关于非常规思维者的故事,或是教学内容的实际应用,或是一些诸如"如果……就会……"的开放式问题。教师可以做任何事情,只要他认为这样做有助于让学生明白,能力的多样化在这个教室里是受到欢迎的。

为持续开展三元教学与评估创造各种条件

三元教学与评估似乎有些背离常规的备课程序,而且三元教学与评估课程看起来、听起来、感觉起来都与传统的课堂有所差异。许多参与了三元教学与评估项目的教师都认为,尽管课程范围得以扩展,也使他们明白了自己在教学方法上的能力偏好,教会了他们各种提高教学效率的方法,但是三元教学与评估在执行中仍然需要持续不断的努力。教师们也注意到,有时候要保持这种努力是很困难的,这种挑战有时源于三元教学与评估的理念,始终需要在教学内容和评价内容中保持分析性、创造性和实践性;有时来自学生的阻力,因为他们不愿意偏离通过长期的传统教学方法养成的学习习惯。

另一方面,很多教师发现,他们开设的三元教学与评估课程越多,对于课程单元的设计也就越自然和容易。随着时间的推移,在他们的"教学锦囊妙计"中,三元教学与评估设计的积累在不断增长。他们的课堂教学变得更加丰富，教学技能得到了开拓和增强。相应地，在课堂中他们改变了学生学习的步骤，使得学生更加专注，学习更有乐趣，更有效果。表 7.7 列出了一些来自参与三元教学与评估项目的学生和教师的非正式反馈。

表 7.7　教师和学生对于三元教学与评估项目的反馈

教师反馈（评分等级：1 非常不赞同；7 非常赞同）平均得分

你发现三元教学……	
对你来说很有趣？	6.41
对你的学生来说很有趣？	5.99
能激励你？	6.19
能激励你的学生？	6.12
能够根据不同能力的学生选用不同的教学策略？	5.88
适用于范围较广的学生？	5.85

教师的评论

"我喜欢三元教学与评估活动，因为它们组织得很好，还能够持续不断地改进技巧；鼓励高水平思维，提高创造性。"（KC，中学教师）

"我喜欢三元教学与评估活动，因为它们关注不同的学习者，帮助学生充分发挥他们的优势，并且提供非常好的小组活动（当然也可以由个人完成）。"（AC，中学教师）

学生的反馈

学生完成下面的问卷，根据学生圈出的答案，这几项的百分比为：

（接上页）

> 你有多喜欢与三元教学与评估相关的活动？（只选一项）
> 　　　我非常喜欢这些活动。　　　　　　35.0%
> 　　　我喜欢这些活动。　　　　　　　　50.8%
> 　　　我无所谓。　　　　　　　　　　　10.0%
> 　　　我不喜欢这些活动。　　　　　　　1.7%
> 　　　我讨厌这些活动。　　　　　　　　2.5%

设计一个三元教学与评估单元

教师究竟如何来设计三元教学与评估的具体单元呢？这同教师平时的单元设计工作有什么差异吗？回答：具体情况具体分析。像设计其他任何课程一样，设计三元教学与评估同样包括了一系列传统的步骤，例如确定目标、选择内容和安排课时等。除此之外，教师还需要熟悉如何用分析性智力、创造性智力和实践性智力来教学和评价。表7.8简要列出了三元教学与评估的单元设计的主要步骤。尽管这些步骤的提出只是一种建议（就像菜谱一样，在做菜的时候可以酌情参考），但它们体现了参加三元教学与评估试验工作教师的成功经验。

> **表7.8　三元教学与评估的单元设计主要步骤**
>
> **成分**：教学内容、教学目标与教学时间
> **步骤**：
> 　1. 选择教学内容。我需要在这一单元中教什么？
> 　2. 确定教学目标。学生需要掌握什么（包括知识与技能）？我希望学生掌握什么？学生自己又希望学到什么？

（接上页）

> 3. 安排具体课时。要达到教学目标需要安排多少教学时间？
>
> 4. 具体分配单元中的各个课时任务。按照课型来安排——探究/发现课、练习课、自学课、检查课等。这一单元中应该安排多少课时？我将如何组织本单元的课时？本单元安排教师讲解的时间和小组活动的时间各是多少？是不是需要布置家庭作业？应该采用什么样的评价策略？
>
> 5. 确定什么样的教学内容适合哪一种学习方法。需要列出本单元所有教学内容所涉及的分析性、创造性和实践性智力的活动。
>
> 6. 考虑如何将三元学习方法融入教学过程中。应该对三元教学活动做出先后排序，要综合考虑内容、逻辑、上课流程和学习互动机制。通过各种方法来对单元教学所涉及的要素进行协调平衡。
>
> 7. 选择相应的评价手段。运用多种评价方式来检测学习效果。

选择教学内容

根据各个州、地区或学校等不同教育行政部门制定的课程指导纲要，教师可以确定三元教学单元的具体教学内容。例如，高中美术课程中可能有印象主义绘画流派的单元，高中历史课程中可能有关于波斯湾战争的单元。教师只要将主题内容合理划分为各个课时的具体要求，就能做到既有整体视野，又能从细节上设计具体的课程。

确定教学目标

教师要自我设问："我希望学生通过这一单元的学习掌握哪些知识技能？"教师还可以提出比较笼统的目标，如"我希望学生能够对印象主义绘画流派有所了解",或者"我想教会学生如何利用一手历史资料来解决问题"。教师也可以提出比较具体、明确、细致的目标,如"我想让学生懂得伊拉克战争的人性层面——青年士兵离开家人去海湾打仗,即使能够平安回来,也会因为战争的心理创伤而永远改变了自己",或者"我希望学生能够掌握如何制定列表","我希望学生能够懂得如何读图"。

教师还可以请学生自己学习制定单元教学目标。表7.9就是一种具体的技巧。例如,如果单元计划是有关了解统计知识的,那么,教师就可以请学生说一说他们想了解哪些统计知识,如何运用学到的统计知识。请学生对自己的学习目标做出思考,有助于他们积极参与到学习中去,增强学习者的主体意识。当单元学习结束时,可以请学生开展反思,对学习过程和学习效果进行分析回顾。

表 7.9　制定学习目标与反思学习效果单

专题：　　　　姓名：　　　　日期：
先前知道：有关这个专题我已经了解多少？
很想知道：有关这个专题我想知道些什么？
现在知道：有关这个专题我现在学到了什么？

安排具体课时

同其他一般的单元设计相同的是,三元教学与评估也很强调要安排好具体的课时。教师应该对一个单元的具体课时要求做到心中有数、合理规划。如果该单元只有一个课时,那么就要考虑将相关的三元活动混合起来。例如,在设计一个家政单元时,教师可以将创造性活动和实践性活动结合起来,以小组活动的形式来设计一场"家庭庆功会"。如果一个单元学习时间跨度比较长，那么，每一课时就可以安排一些针对性更强的三元活动。例如，在学习有关小说创作技巧的单元中，教师可以用一个课时来分析人物和背景，用一个课时将人物的体验与学生自己的感受结合起来，再用一个课时请学生来续写一篇小说。

具体分配单元中的各个课时任务

安排好了一个单元的具体课时之后，教师就要考虑在这些课时中采用什么样的课型，比如说探究/发现课、练习课、自学课和检查课等。当确定该单元所采用的课型后，教师还要考虑不同课型如何搭配，到底探究/发现课、练习课、自学课和检查课应分别安排多少节课，对学生进度的评价又应如何进行。例如，一个运用基础教材进行阅读课教学的中学教师可能会这样来安排课程：用一节课来介绍故事梗概和背景，熟悉或者掌握若干词语；用两节课来进行词语操练和强化理解（通过拼写和创意写作）；还有一节课用来考查学生对词语和故事的掌握和理解程度。教师可能还要决定哪些课中需要包括讲解、小组讨论或者个人自学。

确定什么样的教学内容适合哪一种学习方法

在确定了单元教学目标、课时安排和课型之后，教师接着就应该安排分析性、创造性与实践性课堂活动和相应的评价手段（表7.10就是按照类型设计这些项目的指南）。例如，在了解了印象主义绘画流派之后，美术老师可能会要求学生在分析性活动中将法国化学家谢弗勒尔（Chevreul）提出的色彩理论和法国著名画家德拉克洛瓦（Delacroix）提出的初级色彩以及刺激色彩理论进行比较；在创造性活动方面则要求学生从基本色彩中调制出新的色调；在实践性活动中安排一些相关的用色彩来绘画的任务，比如在 T 恤衫上绘画染色或者粉刷房间。当所有活动设计完毕后，教师应该向学生说明这些活动的目标。每一项活动都不是为了活动而活动，而是要同具体的教学目标相匹配。另外，并不是每一节课都要安排三种类型的活动，教师应该选择那些最适宜于课时内容和学习目标的活动。如果一项创造性的活动并不适宜于该节课的内容要求，就不要勉强加进去。例如，一个现代史教师可能决定在一节关于种族灭绝的课程中不设置任何创造性内容。如果没有充足的时间去进行一项活动，比如分析性活动，也可以直接舍弃。但是，教师应该在下一单元中补充一节分析性课程。

表 7.10　创设分析性、创造性、实践性活动计划表

单元：　　　　　　　　　　　　日期：

内容／目标：

根据目标设计活动：

分析性活动

目标：

活动：

目标：

活动：

创造性活动

目标：

活动：

目标：

活动：

实践性活动

目标：

活动：

目标：

活动：

下面分别提供了一些课堂上（见表 7.11）和家庭作业中（见表 7.12）使用的教学材料作为例子。这些材料可以直接阅读，对学生培养分析性、创造性和实践性思维技巧很有帮助。这些例子基于一本《点亮天空》的教材（来自于 HBJ 文献宝库丛书——译者注）(Farr & Strickland, 1993)。根据书中的一个小故事，可以设计一些分析性、创造性和实践性活动，这些活动看上去是松散的和互不相关的，实质上只是强调针对的重点，本身是相关的与综合的。学生无法单独地运用某一种思维来完成阅读任务，必须结合三种思维技巧，综合运用。

表 7.11　课堂运用指导材料实例

这些材料运用于课堂阅读，培养学生的分析性、创造性和实践性技能。

分析性

分析性练习培养分析力、判断力和比较能力。下面的练习有助于学生在同其他学生的合作中学习培养这些能力。

　　把学生分成小组，给每个小组一大张广告纸板以及整套的彩色水笔和彩色铅笔。鼓励学生在一定时间内，以每个小组为单位为故事中的指定人物"画肖像"。需要强调的是，学生必须以故事中的细节为基础，表达他们自己对人物的理解。必须关注故事中描述人物的词汇，对人物刻画有什么样的作用。当他们展示人物"肖像画"时，需要口头重述人物在故事中经历的事件。

（基于成功智力理论的读写方面的更多例子请访问：http://pace.tufts.edu）

（接上页）

创造性

创造性项目的最终目标并不是要让学生得出正确答案，而是让学生多动脑筋多联想，激发出充满想象力的答案。在这些练习中，学生要运用自己头脑里的"智慧之语"去挑战一些他们很可能不知道正确答案的问题。

智慧之语

学生姓名：_____

◇ 为什么雷雨过后才能见到彩虹？彩虹为什么有这么多颜色？如果彩虹的另一头有一桶金子，怎样才能取到？

◇ 为什么奶牛一直"哞哞"（moo）叫？为什么这个词会在牛的语言中起到如此大的作用？奶牛在说什么？

实践性

实践性项目的目标是鼓励学生去思考他们所读的材料中具有实践性的方面。下面这个练习有助于培养学生计划路线的能力。

教师首先要提醒学生：很多奴隶在奴隶主压迫下向北方逃亡，常常受到"地下通道"的帮助。鼓励学生进行小组练习，设想一个奴隶为摆脱奴隶生活而逃亡的过程中，实际还会遇到什么情况。每个小组都为一个要从美国北卡罗来纳州奴隶制度的枷锁中挣脱出来，逃往加拿大，投入自由的怀抱的奴隶设计一个逃跑计划，可供他使用的只有一张地图、一套工具以及一套生存规则。

表 7.12 家庭作业指导材料实例

这些家庭作业材料能够帮助学生自主培养分析性、创造性和实践性能力。

分析性

以下的练习是鼓励学生回想一段经历,并且向他人描述、解释、交流这段经历,以便使他人感同身受。

告诉学生:假设你刚刚和自己的亲戚朋友度过了一个特别的假日。而你最喜爱的堂兄由于身在部队,驻扎在远方,无法到来。写一封信给你堂兄,详尽地描述和解释这一天如何值得纪念,使他也觉得身临其境。

创造性

学生刚读完一个故事,这个故事讲的是贝尔一家的起起落落,但具体情节并没有得到详尽描述。要求学生扩写这个故事,创造性地写出具体细节。

告诉学生:这个故事是关于世世代代居住在国家公路旁的贝尔一家所经历的悲欢离合。想象出符合故事情节的至少一件喜事和伤心事,尽可能详细地描述这件事的细节,解释它对贝尔一家的重要影响。

实践性

日常生活中总要为重要的事情提前做好准备。正如故事中学生读到的,贝尔一家要准备成人仪式。学生们可以扮演贝尔一家人中的角色,实践不同的角色会怎样为这个盛大的家族聚会来做准备。

告诉学生:在故事中,贝尔一家举行盛大的家庭聚会,聚会上要准备丰富的食物和活动,这些都需要做好细致的计划。假装你们是聚会的主人——杰森的父母,描述你们的准备工作。

考虑如何将三元学习方法融入教学过程中

设计三元教学的单元时,一个很重要的任务是将活动进行排序。教师需要自我设问:哪一个活动优先?哪一个活动能够最适宜地导入新课,说明学习的情景要求以及满足学生的兴趣?哪一种方式是结束单元的最好方式?哪一种活动能够起到衔接转换的作用?在学生开展一项创造性活动之前,是不是需要具体指导?或者创造性活动能否为学生探索主题提供便利,同时也有利于开展"直导教学"?

在对活动做出排序时,教师要注意运用以下四种高效能教学方式:

1. 定向(tell me)。教师向学生交代单元教学目标,以及在单元结束时需要掌握的东西(例如,"你要学会如何制定书面清单")。

2. 展示(show me)。教师向学生展示要学到什么样的本领(例如,"请列出你所喜欢的食物")。

3. 辅导(guide me)。教师要督促学生开展练习(例如,"现在列出你所喜欢的活动,记住必须做到以下几点要求")。

4. 验证(challenge me)。教师要检查学生真正学到了什么(例如,"现在大家都想一想应该列出一张什么样的清单,完成之后就请展现出来")。

需要提醒的是,全部做完的事情并不均是完美的,即使课已经开始上了,还是会有新信息和新问题出现,需要教师不断去调整。无论多完美的三元教学与评估计划也会有缺失!

选择相应的评价手段

教师应该牢记的是:三元教学与评估的最终目的是培养善于进行三

元思维的人。因此，在制定评价方案时，教师要将重心置于如何评估学生的最终学习结果上，以确保他们通过三种方法——分析性、创造性与实践性——来学会思考。

什么是好的答案？教师可以先尝试拟订三种评价标准——理想的答案、基本达标的答案和不完善需要改进的答案。（具体可以参考表7.13）然后教师就可以与学生就这些标准进行交流了。

表7.13 培养三元思维的评价标准

理想的答案
- 表明学生充分理解了学习材料
- 运用分析性思维做出了合乎逻辑的假设、得出结论和做出推断，并且将自己的想法同别人的想法做了比较
- 将新材料与个人的经验进行联系以便能够开展实际运用
- 超越一般的了解

基本达标的答案
- 表明学生理解了材料的基本要点
- 表明学生对新材料有了比较牢固的理解，但是没有或者不太善于将新旧知识融会贯通起来
- 表明对学习内容甚至细节有了合理的把握，但是无法做出推断
- 无法将新材料与个人的经验联系起来
- 无法对新材料进行扩展

不完善需要改进的答案
- 思路混乱，没有理解学习材料

（接上页）

> ◇ 包括了一些无关的信息
> ◇ 无法把握要点
> ◇ 无法指出必要的细节
> ◇ 不会对概念进行分析
> ◇ 不会联系实际开展运用
> ◇ 缺乏创造能力

三种不同答案针对三类问题，以下分析说明这三种评价标准的分类如何付诸实践。这个评价例子来自一个三元教学与评估单元，内容是艾琳·亨特（Irene Hunt）的小说《彩票玫瑰》（*The Lottery Rose*，1992）的一部分。（为了便于理解例子，表 7.14 中介绍了小说的主要内容）

表 7.14　艾琳·亨特的小说《彩票玫瑰》内容概要

乔治·伯吉斯（Georgie Burgess）经常遭受母亲和她男友斯蒂夫（Steve）的残忍虐待，乔治的老师克瑞斯曼（Miss Cressman）也认为乔治很愚蠢，因此也时不时地捉弄他。乔治只有躲进一个隐秘的、长满了美丽玫瑰花的花园，才能找到安全感，就像图书馆里他最喜欢读的书里描绘的一样。

一天，仁慈的西姆斯夫人（Mrs. Sims）在自己的杂货店里举办了一次抽奖，乔治赢得了一株小玫瑰。一次，在受到斯蒂夫残酷的毒打之后，乔治离开了自己的家，开始同西姆斯先生和夫人一起生活。他们是乔治的邻居，因为家里没有小孩，一直喜欢他。可是这对夫妇没有能力收养孩子，乔治只好去"男孩之家"生活，那是一个由玛丽·安吉拉（Mary Angela）开办的类似孤儿院的地方。

（接上页）

> 玛丽·安吉拉姐姐很聪明，她让"交际小子"蒂莫西（Timothy）去做乔治在学校里的向导，两个孩子很快就成了好朋友。上学的日子里，乔治发现了一个"彩票玫瑰"的理想种植地点——学校街对面哈珀夫人（Mrs. Harper）的花园里。哈珀的父亲科利尔先生（Mr. Collier）解释说，他的女儿可能不喜欢新种的玫瑰花，因为自从一次车祸夺去了她的丈夫和儿子的生命之后，这片花园就成了她神圣不可侵犯的精神寄托。果不其然，当哈珀夫人在花园里看见乔治的玫瑰时，非常生气，把这些玫瑰都连根拔掉了，当然，她也失去了乔治的信任。
>
> 从与玛丽·安吉拉姐姐、蒂莫西和科利尔先生之间的友好交往中，乔治学会了信任他人和相信自己。逐渐地，他原谅了哈珀夫人之前的愤怒行为，他们之间的关系最终带给他们彼此需要的爱和相互理解。

第一类评价范例有关分析性能力。表 7.15 列出了问题和答案样本。

表 7.15　一个分析性评价的范例

问题

你认为玛丽·安吉拉姐姐为什么选择蒂莫西做乔治在学校里的向导？

学生的回答样例

1. 我认为蒂莫西是一个友好的、善解人意的男孩，比起其他男孩，他对不同的人有不同的态度。他很安静、温和，能够给予需要的人无限的同情。
2. 因为蒂莫西是乔治的朋友。
3. 因为玛丽·安吉拉姐姐知道他们会成为好朋友。

表 7.15 范例中举了一个问题和三个答案样本。根据表 7.13 的答案评价标准，第一个答案被认为是理想的答案，因为这个回答显示出学生很好地理解了这个故事，并且能够由分析得出结论，做出适当的推理。小说并没有直接描写蒂莫西的性格，而是讲述了这个男孩同其他人的交往。回答的学生能够由此提炼出蒂莫西的性格，证明他的分析能力很强。第二个答案被认为是不完善需要改进的答案。当乔治跟着蒂莫西参观校园时，他和蒂莫西还没有成为好朋友，所以这个答案反映了答题的学生思路混乱，对阅读内容缺乏理解。第三个答案是一个基本达标的答案。因为这个答题的学生意识到，玛丽·安吉拉姐姐对性格有很好的判断力，但是却没有用分析的方法来支持这个答案。

第二类评价范例有关创造性能力。表 7.16 列出了问题和答案样本。

表 7.16　一个创造性评价的范例

问题
　　假设科利尔先生给克瑞斯曼小姐写了张便条，告诉她乔治的一些新情况，这张便条上可能说些什么？

学生的回答样例
　　1. 假如科利尔先生给克瑞斯曼小姐写便条，我想他会描述乔治在学业和社交上的明显进步，而绝口不提乔治对克瑞斯曼小姐的憎恶。还会恰当地谈谈目前乔治的读写水平，写作上的进步，还有他现在正在阅读的书籍。
　　2. 乔治做得很好。他学会了如何阅读，每天都有很大进步。
　　3. 他没有参与到班级中去。

第一个是理想的答案范例。答案反映出答题的学生理解了阅读材料，讲到了乔治现在的成绩，但绝口不提在克瑞斯曼小姐课堂上受到的伤害和心里的愤怒，隐含了乔治会和她"保持和平的关系"，根据书中的描述，这个学生可以进行适当推理。第二个答案是基本达标的答案，只表明对故事内容粗略的理解，没有进一步引申。第三个是不完善需要改进的答案，因为只虚构了一个例子，对乔治在学业上的整体进步反而一点也没有提到。

第三类评价范例有关于实践性能力。表 7.17 列出了一个问题和三个样本答案。

表 7.17　一个实践性评价的范例

问题

怎样帮乔治适应"男孩之家"这个新家，你对他有什么建议？

学生的回答样例

1. 你应当耐心对待你的同伴，多与别人相处。如果结交几个好朋友，你会更容易适应新环境，而且充满乐趣，因为这个住处比你之前的那个"家"要好得多。最重要的是，你要融入这个新家，乐观开心地面对新家里发生的每一件事，要友善，要随和。
2. 多交朋友，真心对待他人，收获的也会是真爱。
3. 信任他人，不要害怕。

第一个是理想的答案范例。因为答题的学生充分深刻地理解了故事中对乔治的弱点（悲观主义、退缩、不愿交朋友）的呈现，合理地给出了建议。第二个和第三个答案都是基本达标的答案，虽然反映了对材料的基本理解，但是没有明确指出阻碍乔治适应新家的个性方面的缺点。

三元评估

正如前文所提到的，三元教学与评估的另一关键成分就是三元评估。评估可以采取多种形式，包括提问、测验、作文、表演、综合评估、过程分析。每种评估都无一例外地遵循一个原则：既要评估对基本内容的掌握，也要评估对三种能力运用的理解程度。为了保持学生的学习动力，教师就应该从"如何学习"和"学到了什么"两个方面一起来评估。

任何三元评估都应当包括基于记忆的评估。这是很重要的，因为：（1）教育的最终目标是知识的掌握，在学习中，记忆能力一直具有决定性的作用，因此，记忆的测试是必不可少的；（2）绝大多数的地区性考试、全省范围考试，以及几乎所有校内和校外的标准化考试，都包含有基于记忆能力的考题，因此，教师必须帮助学生为这类考题做好准备；（3）要显示三元教学与评估比传统教育更能够有效促进记忆和掌握知识，最好可以在三元教学单元后的评估中加入考查记忆的题目。表 7.18 列举了几道记忆和分析方面的评估题目。

表7.18 关于记忆的评估题目样例

1. 下面的时间表依先后次序列出了故事中的事件。
◇ 乔治在杂货店得到了一张彩票。
◇ 乔治赢得了一枝玫瑰。
◇ 斯蒂夫毒打乔治。
◇ _____
◇ 乔治住到由玛丽·安吉拉姐姐管理的"男孩之家"。

（接上页）

> 下面的哪一件事情应该填在上面的空格处？
> A. 乔治在克瑞斯曼小姐的汽车下放火。
> B. 乔治临时与西姆斯夫妇住在一起。
> C. 乔治试着在哈珀夫人的花园里种植他的玫瑰。
> D. 乔治去杂货店买猪肉和豆子。
>
> 2. 哈珀夫人非常关心体贴乔治，在生活上帮助乔治，逐渐得到了他的原谅和信任。下列中的哪一项不是哈珀夫人做的？
> A. 哈珀夫人在乔治发烧时帮助玛丽·安吉拉姐姐照顾他。
> B. 哈珀夫人准许乔治在她的花园里种植玫瑰。
> C. 哈珀夫人为乔治唱歌。
> D. 哈珀夫人为乔治付了一年的学费。

在三元教学与评估理论上有丰富经验的教师在设计分析性、创造性和实践性单元时通常不会遇到困难，尽管在开始设计三元题目时极富挑战性，但渐渐地就会变得轻而易举。格里戈连科和我还未遇到过一个无法通过三元教学而传授和评估的主题。请各位教师记住以下这些通用准则：

1. 不要害怕重复。因为三元教学中同样范围的教学内容均可针对不同能力，分析性、创造性和实践性的课程（包括作业与评估）中总会出现一些重复。

2. 不要专门地以一种能力为目标（即不要试图设计出纯粹的分析性、创造性或实践性的课程）。在以某一种能力或最多两种能力为重点的同时，尽量设计一个三种能力兼顾的框架。（即设计出的课程兼顾三种能力，又以某种特定能力为主）

3. 使评估和教学相一致，通过所有的三元评估学业成绩；鼓励学生培养成功智力的三种能力,给予分析性、创造性和实践性能力同等的重视。

4. 使用不同的评估方法(如,论文、简答题、项目设计、表演、综合)。

实施三元教学与评估单元

最有意思的就是在实行三元教学与评估时,可以发现学生展示出以前从未显示的能力。下面是帮助教师实施三元教学与评估更为有效的一些建议:

1. 在教学中,分析性、创造性和实践性能力应该以同等(或大致同等)的比重融入课堂中。

2. 在评估学生时,使用同样高但切实可行的标准来评估学生的分析性、创造性和实践性工作。

3. 如果学生接受三元教学与评估时有困难,要表现出耐心(如,不要自答你向学生提出的问题,不要替代学生完成活动)。

4. 持之以恒(如,万事开头难,不要轻言放弃)。

5. 支持学生的努力(如,认同学生的努力,确认学生的进步)。

三元教学与评估的另一个重要部分就是反思。教师应当花时间反思单元,记录行得通或行不通的每件事。教师应当在每一个三元教学与评估单元后及时完成这项工作。可以考虑让学生也参与反思,但应当注意不要增加学生的负担,让学生陷入无休止的评价和反思中。使用反思表格有助于教师反思每个单元的优点和缺点。(请参看表 7.19 教师反馈样表和表 7.20 学生反馈样表)这个方法能督促教师在实施一个三元教学与评估单元时随时做简短的笔记,概括学生们的印象与评价。这项任务不应拖延到单元结束之后才做,否则,会遗失大量有意义的细节。

表 7.19　教师反馈样表

样表 1

单元：　　　　　　　　　　日期：

◇ 可行的

◇ 不可行的

◇ 需要修改的

教师行为日志样例

◇ 教师行为日志可以帮助你：(1) 反思教学目标；(2) 总结教学步骤；(3) 确定下一个教学目标。

M=memory 记忆，A=analytical 分析性，C=creative 创造性，P=practical 实践性

目标	活动	日期	掌握程度（满意度）	标注
长元音拼写教学	SL1	2/3	75%	M
词汇	VL1	2/5	80%	M/A/P/C
解决困难	GA	5/8	（90% 部分）可行	A/P
智慧之语	GA	5/10	需要反思/解决问题	A/C

表 7.20　学生反馈样表

姓名：　　　　　星期（课）：　　　　　日期：

我学了……

我想学更多关于……

我喜欢……

我不喜欢……

我不明白……

我想我更喜欢的课程是……

第八章

融会贯通:成功智力教学的课堂实例

Putting It All Together: A Comprehensive Illustration of Lessons for Teaching for Successful Intelligence

现在教师们已经掌握了三元教学与评估的技巧。本章内容是三元教学与评估单元中为六年级设计的一个星期的教程。学生总共需要三个星期的时间来学习洛林·汉斯伯瑞(Lorraine Hansberry)的一个电影剧本《阳光下的葡萄干》(*A Raisin in the Sun*, 1994)。这些实例包括课堂学习材料、一份家庭作业、一个阅读理解测验和本书作者的评论。如果对本单元的其余部分感兴趣,可以参考网站 http://pace.tufts.edu。

单元总体介绍

像其他单元一样,三元教学与评估单元也从介绍一些基本的背景知识开始。表 8.1 概括介绍了这个电影剧本的内容。本章的分析都是围绕这个故事进行的。

表 8.1 《阳光下的葡萄干》故事摘要

洛林·汉斯伯瑞著

《阳光下的葡萄干》讲了一个关于杨格一家（The Youngers）的故事，这是个生活在 20 世纪 50 年代美国芝加哥贫民区的黑人家庭。莱娜·杨格（Lena Younger）是刚刚寡居的一家之长。她跟她的孩子沃尔特（Walter）、碧妮莎（Beneatha），儿媳露丝（Ruth）以及孙子特拉维斯（Travis）一起住在一所拥挤的公寓里。

当老杨格去世之后，保险公司寄来了他的寿险支票。就如何花这笔钱的问题，家庭成员间发生了激烈的冲突。莱娜用这笔钱的三分之一在一个白人街区——克莱伯恩公园（Clybourne Park）买了一套房子。她把剩余的钱给了儿子沃尔特，让他跟女儿碧妮莎平均分了。沃尔特一直梦想着摆脱他的司机工作，自己做生意。于是，他把买房子剩下的钱全部拿去投资做生意。然而，他的合伙人却带着资金悄悄地溜了。沃尔特的梦想破灭了。更糟糕的是，碧妮莎的那份钱也被卷走了，而她本来打算用那些钱支付她上医学院的学费。

事情正一片混乱之时，林德纳先生（Mr. Lindner）代表克莱伯恩街区促进会（Clybourne Park Improvement Association）来到了杨格家，他要出高价来买杨格家的这套房子，为的是将有色民族挡在街区外。当可怕的经济困难、种族威胁和敌意几乎要将这个家庭摧垮的时候，他们同时遇到了卖掉他们梦寐以求的新房子而取得更多利益的诱惑。但是，在最后时刻沃尔特起了领导作用，带着自豪和理解，他告诉林德纳先生，他们拒绝卖掉房子，杨格一家保住了房子，但更重要的是他们重新找回了尊严。

单元第1课：背景介绍

这一课的目标是为学生的阅读提供准备工作，教师可以向学生介绍剧本的背景知识和剧本中的生词，以下的提纲列举了具体步骤来帮助教师实现这一目标。这些全部是真实的教学材料。

电影剧本的基本介绍

◇ 作者及故事的背景：给学生一些关于剧本作者的生平信息、当时的社会背景（20世纪50年代的芝加哥），以及主题事件（美国黑人面对的种族歧视和经济困难，以及为生存和梦想而努力奋斗）等方面的信息。

◇ 剧本的起源和格式：一定要让学生知道，虽然洛林·汉斯伯瑞最初把《阳光下的葡萄干》写成了戏剧，但这是电影剧本版本，也就是为电影导演拍摄影片而使用的脚本。要确保学生能够理解电影剧本这种格式：

1. 文中大写的文字是用来指导摄像师的。

2. 演员的对话以缩进排印的形式出现在页面的中间，并标明角色的名字。

3. 对演员的指导语用斜体字。

◇ 教师可以征募曾参加过电影或戏剧表演的同学以获得他们的帮助。如果班里有这样的同学，可以让他们来对电影剧本格式做一番说明。为了帮助学生领会什么是电影剧本，也可以准备一个学生们可能看过的电影的剧本让他们看看。书店一般都有经典的电影剧本出售。

开始阅读剧本

◇ 也许要花些时间来阅读和分析一下汉斯伯瑞的开场镜头——特别是伴随兰斯顿·休斯（Langston Hughes）那首诗的意义和效果。从这首诗出发，让学生猜测一下这个故事与什么有关。也可以提一些问题：这首诗给他们什么感觉？诗一行行地排列有什么效果？为什么最后一行用了斜体？等等。

◇ 解释和分配一周内的不同角色。例如，安排学生担当如下一些角色：

讨论导演（领导并协调讨论）

词汇拓展员（查阅并解释词的意思）

说明员（给每个场景提供说明——可以用图画也可以用文字）

总结概括员（向全班同学简要概括材料的内容）

调查员（找出书中没有提供的相关信息）

行程追踪员（追踪角色的发展）

◇ 你可以给调查员提供一些补充材料，或者指导他（她）利用图书馆或互联网去查询相关材料。在每一周的开始，调查员可能都需要一些指导才能承担起自己的角色。当然，你也可以提出其他的角色任务，上面所列的那些也可以删减。让班里的每个学生都承担一项角色。你可以根据班级的大小，增加或删减一些角色，让学生自愿参加不同的工作，但要说明一个人不能重复担当同一个角色。下一周，他们就要选择一项不同的任务。

◇ 指导学生记阅读笔记，并根据剧本中的人物画出一张人物图：

1. 在阅读笔记里，学生可以记下他们对剧本的感受，写下阅读过程中遇到的问题,并就班级讨论或班级活动做适当的笔记。

2. 学生应该在阅读的过程中不断把每个角色的信息添加到人物表中。在纵坐标轴线上列出主要人物:沃尔特、碧妮莎、莱娜、露丝,以及次要些的人物:特拉维斯、郝丽德夫人(Mrs. Holiday)、艾萨格(Asagai)、赫尔曼(Herman)、约翰逊太太(Mrs. Johnson)、乔治·玛奇逊(George Murchison)、卡尔·林德纳(Karl Lindner)。将有关人物的简短说明信息列在横坐标轴线上,这些信息包括:

A. 他(她)是谁?(例如,某某人的哥哥);

B. 他(她)是个什么样的人?(例如,安静的、自私的、多嘴的、愤怒的、疲惫的);

C. 展现人物特征的短语、句子或事件(例如,表明他(她)的真正品质的那些语言);

D. 人物的"问题"(例如,他(她)想要什么,关心什么,是什么激发和驱使着这个人物);

E. 转折点(例如,这个时刻或事件表明这个人物正以某种方式发生改变)。

◇ 开始阅读。在对话开始之前,需要先阅读约一页半的叙述性文字。对话开始后,教师最好安排学生分别朗读不同角色的对话,并要求他们投入角色的感情色彩。

◇ 拓展词汇量。列出第一周的阅读内容里学生可能感到困难或陌生的一些生词。在词的后面标出该词所在页的页码。这个词表是建议性的,可以根据需要更改。班上担任词汇拓展员的学生还可以找出一些新的生词,不过此表可以当作课堂讨论的参考词汇表:

deferred（3）
fester（3）
syrupy（3）
accommodate（4）
tenement（4）
feisty（12）
counterpoint（12）
dejection（14）
ominous（15）
aloof（16）
unabashed（16）
condescending（20）
imperiously（20）
harassing（21）
draughty（30）
reflectively（34）
briskly（34）
disbelief（35）
glistening（39）
overdue（38）
gall（40）
luxurious（43）
furnishings（43）
leisurely（43）
affluence（44）
immaculate（44）

multiplicity（4）
determined（8）
listlessly（8）
indifference（12）
prevail（12）
chauffeur（46）
sullenly（46）
amiably（47）
petulant（49）
disparaging（50）
haughtily（51）
bland（52）
simmering（52）
bandits（54）
envy（54）
resolutely（57）
overhead（62）
meddled（65）
placated（64）
duality（68）
decrepit（69）
raucous（72）
intimidated（77）
tyrant（77）
dreary（80）
valiant（80）

> ◇ 安排阅读量。书的前三分之一（是个很好的阅读暂停处）大约在第 80 页（正好是电影画面开始的地方）。如果你认为一个晚上来完成这些阅读量不太合理，你可以将它分成两部分，例如，可以在第 45 页结束处分开（之前的内容是沃尔特的工作场景，之后的内容是介绍碧妮莎在大学的情景），将后半部分（第 46—80 页）安排到第二天晚上来阅读。

在这个单元里，分析性活动、创造性活动和实践性活动是相互分离的。前面提到，这种分离是没有必要的，也不是我们想要的。在这个特殊的文体里，很难有条件使每一节课的活动只针对一种能力。尽管每一种活动主要强调一个特定的能力，但这些能力彼此间并不是完全独立的，而是相互关联的。以下列出了每种活动主要激发的能力类型。

单元第 2 课：分析性活动

第 2 课的教学目标是：(1) 增加词汇量；(2) 加深对材料的理解；(3) 发展分析技能（比较和对照，说明喜欢或不喜欢，理解主要人物，分析作者的意图）。教师可以按照下面的要点来达到这些教学目标。

> **阅读之讨论**
> ◇ 分析和讨论阅读材料。实际讨论内容会有变化，取决于学生对剧本的阅读进度、阅读的兴趣点以及阅读中遇到的问题。
> ◇ 鼓励每个学生完成他们事先分配的角色任务（例如，词汇拓展员应该提供生词等）。（记忆性活动／分析性活动）

◇ 引发个人对阅读内容做出反应。提问学生对剧本有何感想（如果遗忘了，可以提醒他们参考自己的阅读日志）：他们喜欢什么？不喜欢什么？剧本激起了什么样的情感？能不能自主地将剧中的某个人物和发生的事件联系起来？剧中有没有让他们感到困惑或难以领会的部分？就上述所有问题进行讨论。（分析性活动／实践性活动）

◇ 讨论剧本中的人物。鼓励学生自己画出剧本中的人物关系图，并说明此时对这些人物有多少认识。

提问：剧本中这些人物分别是什么样的人？怎样描述这些人物？这些人物在生活中遇到的中心问题是什么？他（她）解决问题的动力是什么？在黑板或广告纸板上画出主要人物关系图，并把纸板挂在教室里。（记忆性活动／分析性活动）

◇ 讨论社会问题。让学生讨论分析，这个电影剧本揭示了20世纪中叶美国黑人生活的什么状况？（运用补充材料。鼓励调查员开始行动）

提问：结合美国历史，剧本的那个时代里，非裔美国人（黑人）的工作状况如何？如今有没有改观？考虑在黑板或在广告纸板上制作一个表格来比较和对照"那时"和"现在"的状况。（分析性活动）

◇ 讨论疑难词汇。鼓励词汇拓展员激发学生讨论。剧本中比较难的词汇大多出现在著者对演员的指导语中。（例如，第17页，"大方地摆摆手"（with a magnanimous wave of the hand））如果某个较难的单词出现在演员指导语部分，教师可以考虑鼓励学生自告奋勇用动作来表达这个单词的意思。学生肯定会喜欢这种方式，这种方法也有助于对单词的含义的理解。（分析性活动

(实践性活动)

◇ 组织一次讨论。鼓励学生讨论作者的写作意图或写作技巧。例如,提问学生为什么作者会设计某个场景,并让学生思考这个场景在整个剧中起了什么作用——也就是请学生思考这个场景的设计意图:揭示了什么问题,达到了什么目的。鼓励学生想象,如果场景设计完全不同,结局会怎样。(分析性活动/创造性活动)

单元第3课:实践性活动

发现已知教学材料的实践意义,即发现知识在学生实际生活中的结合应用,这对三元教学与评估来说十分关键。因为,要将知识熟记于心并恰当运用,学生必须将这些知识与他们的实际生活联系起来。有许多方法可供使用:(1)问学生,书中是否有一些事情与自己的生活有关;(2)问学生,书中是否有一些事情似曾发生在他们认识的某个人身上;(3)让学生假设自己是剧本中的某个主要人物,正处于进退两难的境地,需要怎样去解决问题。本课的教学目标是:(1)增加词汇量;(2)加深对材料的理解;(3)促进实践能力(如说服、建议、处理等能力)的发展。下面是教师们可以在实践课程中采用的各种活动。

实践练习:该怎样处理这笔钱

辩论和说服

◇ 进行一场辩论。经过前面的学习,现在,学生们应该已经领会剧本中的一个中心问题：杨格太太应该如何处理她那一笔新的财富？鼓励学生就这个问题展开辩论，充分运用自己的说服能力。辩论的组织方式很多。一种方式是将学生分成三组，向他们说明，每组都代表剧本中的不同角色：沃尔特、碧妮莎或露丝（每一组组员的称呼可以自定：代理、律师、发言人或者学生最能认同的其他名词）。每个组准备辩论时，先在组内讨论一下：他们所代表的人物想如何处置这笔钱？为什么要这样处理？组员们还应该拿出一些论据来支持自己提出的花钱计划。他们可能还要估计一下，别的组会怎样反驳他们，他们又该如何反驳其他组对财富的要求。

辩论各组见面并互相认识之后，教师可以扮演主持人来组织辩论（比如教师扮演莱娜·杨格夫人，也可以让一个学生来充当主持人，不过辩论由教师来组织和控制会更好些）。给每个组一次发言机会，然后各个组反驳其他组的主张。教师可以提出某个问题或某种利害关系作为辩论的焦点，尽量鼓励每组所有组员都发言，亦可避免总是由一名学生代表小组发言。（实践性活动／分析性活动）

除了进行口头辩论之外，还可以设计其他的实践性活动。
◇ 给莱娜的说服信。教师可以指导小组进行说服性的写作练习。把学生分成小组，每组代表剧本中一方角色，分别给莱娜·杨格写封"说服信"，说明对这笔钱的处理方式。鼓励学生在课堂上大声朗读这些信，并展开讨论。（实践性活动／分析性活动）
◇ 给报社写信。此项活动可以由学生单独完成，也可以小组合作。学生可以扮演剧中的某个人物,给当地报纸的编辑写封信,反映一下他们所关心的问题。例如,以沃尔特的身份写封信,反映美国黑人筹钱创业的艰难;以莱娜的身份描述一下城市居民想在街区中买到新鲜水果和蔬菜有多困难;还可以以碧妮莎的身份对黑人社区中的等级歧视现象进行评论。(实践性活动/分析性活动)

◇ 设计一份营业计划。以小组或整个班级为单位,鼓励学生设计一份营业计划,开一家书店或玩具店。教师为学生列举需要考虑的一般范畴,如店面所需、每月开支、潜在投资者、店面的理想位置、店面的布局(很可能有一组学生完成"店面所需"之后,已经画出一层楼面的平面布局图)、店名、商店将出售的货物明细表、雇员的培训(关于所售商品,有哪些东西是雇员需要学习或了解的)、广告(可能还有一组学生会为商店设计一个广告)等等。学生还可以为周围城区提出其他更多的满足社区需要的计划。(实践性活动/创造性活动)

单元第4课:创造性活动

培养创造性的课堂通常是很有趣的,不仅设计起来有趣,观察起来也很有趣。但是,需要注意这些有趣的活动要有严肃重要的目标。本课的教学目标是:(1)增加词汇量;(2)加深对材料的理解;(3)促进创造性技能(如假设、扮演、联想等技能)的发展。在培养创造性技能时,下面的一些活动是我们建议采用的。

成功智力教学

创造环境

◇ 重新聚焦开场的一幕场景：杨格家狭窄拥挤的空间，每个人特有的行为。鼓励学生描述这个场景中杨格家的公寓和家里的气氛，帮助他们理解两者之间的关系。尽量使学生将这些与自己的亲身经历有机结合起来，问学生：他们家是否曾住在一个特别狭小、特别喧闹和特别旧的房子里？他们的家或学校给他们什么感觉？让学生描述一下剧本中的那个地方和他们的感受。（创造性活动/分析性活动）

◇ 给学生展示不同环境的图片：公园、城市、农场、郊区、房子、大楼，各种类型的建筑的内部环境和外部环境。鼓励学生描述自己在那些环境中的心情。（创造性活动/分析性活动）

◇ 告诉学生，他们现在要做一个练习（可以是个人活动，也可以是小组活动）。在这个练习中，他们要去营造一种能产生某种特定效果的环境。这个练习可以是写作，也可以是绘画练习（或者两者结合）。基本思路：教师指定或让学生自己选择一种情绪状态（兴奋、厌烦、舒适、沮丧、害怕、平静、愤怒等），然后让学生描述（用文字或图画，或两者兼用）使自己产生这种情绪的一个现实中的场所，或鼓励学生描述头脑里想象的一个地方，在那里生活的人也会产生这种情绪。接着给学生一些时间让他们以小组的形式进行分享活动，最后全班集中，让学生讲讲他们都写了或画了些什么。（创造性活动/分析性活动）

其他可能的创造性活动

◇ 让学生（个人或小组）想象出一个人物，并创作出这个人物的独白。例如，老沃尔特的灵魂回来了，要给他的儿子沃尔特或他的妻子莱娜提些建议,他可能说些什么呢?如果沃尔特能比较坦率地跟他的老板交谈,他可能对老板说些什么?如果碧妮莎正为她的医学院学习申请写自我介绍,她会怎么写?(创造性活动/分析性活动)

◇ 教师可以设计几幕剧中没有的剧情,并鼓励学生(个人或小组)写出剧本(包括人物之间的对话)。以下是补充剧情的一些建议:

1. 莱娜·杨格遇见沃尔特的老板,老板对她粗鲁无礼。

2. 沃尔特找到了一份好工作,但在另一个州,他跟露丝争论到底该不该去。

3. 艾萨格要求碧妮莎忘了医学院,嫁给他,去非洲当革命者。

◇ 还可以鼓励学生自己思考并创设新剧情;他们可能会有一些比上面这些建议更好的想法。(创造性活动/分析性活动)

单元家庭作业

如果教学时间允许,可以布置些家庭作业。三元教学与评估鼓励教师布置并有效地利用家庭作业。家庭作业不仅是一种很好的练习手段,还可以向学生提供一个选择的机会——学生可以自己决定是做分析性作业、创造性作业,还是实践性作业。本课提供的这些例子是完全可以在家完成的自由写作练习。另外,表 8.2(改编自 D. Lev, 1998)说明了如何安排写作步骤。

表 8.2　写作流程

1. 解释提示（10 分钟，草拟一个框架）（分析性活动／创造性活动）
确定（分析性活动）
题目
目的
读者
"头脑风暴法"产生观点（创造性活动）
通过对一个想法的扩展，详细阐释某种观点（分析性活动／创造性活动）
组织观点，例如，以"首先""其次"等标明你的观点（实践性活动）

2. 草稿／初稿（30 分钟，写出短篇草稿）
首先，考虑……
主题（是否已经清楚地表明你的想法？）
读者（写给谁看？）
形式（一封信、演讲稿、论文、辩论稿、一首诗？）
现在以某种形式写出你的想法

3. 修改观点（分析性活动／实践性活动）
增加观点
删减观点
扩充观点或调整顺序

4. 校对（分析性活动）
拼写
标点符号

（接上页）

> 语法
>
> 大写
>
> 5. 发表（实践性活动）

教师还可以给学生布置下面这些作业。

> （在另一张纸上）回答以下任一问题。（A、B、C 中选一个）
>
> A. 莱娜·杨格让你给她提些建议，该如何来花这 10000 美元。你会给她提什么建议？为什么？（实践性活动）
>
> B. 比较和对照莱娜与她的孩子们（沃尔特和碧妮莎）的性格特点，哪些方面相似，哪些方面不同？（分析性活动）
>
> C. 在剧本中，碧妮莎告诉莱娜和露丝"人们必须以某种方式来表达自己"。假如你是剧本中一个主要人物沃尔特、露丝或者碧妮莎，你打算写封信给剧中的另一人物来分享你的想法、感情、担忧或理想，你想扮演谁？你想给谁写信？请写出这封信。（创造性活动）

单元测评

测评是收尾的环节，但绝非不重要。成功智力三元教学鼓励教师经常对学生进行测评。注意，测评项目既要与教学材料培养的目标能力相匹配，也要与课堂活动形式相匹配。以下阅读理解的测评中，题目 1 和题目 2 测查的目标是实践性能力,题目3和题目4测查分析性能力,题目5和题目6测查创造性能力。

理解测评

请圈出最佳答案或回答问题。

1. 下面的做法中,哪一种最有可能帮助沃尔特说服他母亲莱娜·杨格将钱投到他的生意中?
   A. 沃尔特可以做一项非酒类的生意。
   B. 沃尔特可以请附近酒杂店的店主赫尔曼去跟莱娜谈谈。
   C. 沃尔特可以故意丢掉工作,这样莱娜就不得不给他钱了。
   D. 沃尔特可以要求碧妮莎嫁给乔治·玛奇逊。

2. 沃尔特和碧妮莎之间争吵不断。如果他们在如何和睦相处方面请求你的建议,你会对他们说些什么呢?

3. 下面哪一项准确描述了碧妮莎所面临的问题?
   A. 她祖母对她想进医学院这件事似乎不太乐意。
   B. 她不够聪明,很难成为一名好医生。
   C. 男人们不时地打击她的梦想,嘲笑她的想法,因为她是女的。
   D. 她做事太过听天由命,而不靠自己。

4. 解释一下,为什么故事中时不时地出现一棵小植物。换句话说,你认为那棵小植物象征或代表着什么?

5. 剧中有这么一幕，沃尔特·杨格穿着他的司机制服，呆呆地盯着镜子中的自己，而背景中叮当作响的铃声在召唤他。你推测沃尔特那一刻正在想什么？

6. 假设你现在要为杨格家设计一套新房子（不是豪华奢侈的），要考虑到这个家庭中各个成员的不同需要和兴趣，那么这个房子该有些什么特色？

结　语

　　这是一个教师实践三元教学与评估的详细范例。读过之后，你就可以尝试一下了。三元教学与评估已在许多教师的课堂里取得了良好的效果，我们相信，在你的课堂里也会如此。

附 录

各年级成功智力训练

表1 适宜于从幼儿园到小学4年级训练的成功智力技能	
学科	课
语文	5, 6, 10, 11, 14, 17, 21, 22, 29, 31, 32, 34, 35, 37, 39
数学	1, 6, 8, 10, 11, 12, 15, 21, 22, 25, 26, 29, 34, 35, 37, 39
科学	4, 6, 9, 11, 13, 15, 17, 18, 19, 21, 28, 30, 33, 35
社会	8, 9, 14, 17, 24, 25, 32, 34, 36, 37, 39
外语	6, 11, 16, 38
美术	1, 2, 3, 4, 5, 8, 11, 13, 14, 15, 18, 19, 22, 25, 26, 27, 28, 29, 31, 35, 38
音乐	1, 2, 4, 6, 8, 9, 11, 13, 16, 17, 19, 21, 22, 24, 27, 30, 32, 35, 37, 39
体育	3, 4, 5, 8, 9, 10, 11, 12, 13, 14, 15, 17, 18, 19, 21, 22, 23, 24, 27, 32, 33, 34, 35, 36, 38, 39

学科	课
	表2 适宜于5到8年级训练的成功智力技能
语文	1，3，5，6，8，9，10，11，13，14，15，16，17，18，19，21，22，23，24，26，27，28，29，30，31，33，34，35，37，39
数学	1，2，4，6，8，10，11，12，13，15，17，21，22，25，26，29，30，31，32，33，34，35，36，37，39
科学	1，2，4，6，9，10，11，13，17，18，19，21，23，27，29，30，31，33，34，35，38
社会	1，4，5，8，9，10，11，13，14，19，22，23，24，25，28，29，31，32，34，36，37，38，39
外语	2，3，4，5，6，9，11，13，15，16，17，18，19，22，23，24，25，26，27，28，30，31，33，34，35，37，38，39
美术	1，2，3，4，5，6，8，10，11，12，14，15，16，17，18，21，22，23，29，31，32，34，35，37，38，39
音乐	2，3，4，6，8，9，11，13，14，15，16，17，18，19，21，22，23，24，25，26，27，28，29，31，32，33，34，35，36，37，38，39
体育	1，2，3，4，5，8，9，10，11，12，13，14，15，18，19，21，22，23，24，26，27，29，30，32，33，34，35，36，37，38，39

学科	表3　适宜于9到12年级训练的成功智力技能
	课
语文	2，3，4，5，6，8，9，11，12，13，15，16，18，19，22，23，24，25，26，27，28，29，33，34，35，36，37，38，39
数学	1，2，3，4，5，6，8，9，10，11，12，14，15，16，17，18，19，21，22，23，24，25，26，27，28，29，30，31，32，33，34，35，36，37，38，39
科学	1，2，3，4，5，6，10，11，12，13，14，16，17，21，23，25，26，27，29，30，31，32，34，35，37，38，39
社会	1，2，4，5，6，8，9，10，12，13，14，15，16，18，19，21，22，23，24，25，26，27，28，29，30，31，32，33，34，35，36，37，38，39
外语	1，2，3，4，5，6，8，9，10，12，13，14，15，16，17，18，19，21，22，23，25，26，27，28，29，30，31，32，33，34，35，36，37，38，39
美术	2，3，8，9，10，11，12，14，16，21，23，24，29，30，31，32，33，34，35，36，37，38，39
音乐	3，4，5，6，9，10，12，14，15，16，17，18，21，22，23，25，26，27，28，31，32，33，34，35，36，37，38，39
体育	1，2，4，5，6，8，9，12，13，14，16，18，21，22，23，24，25，26，27，28，29，30，31，32，34，35，36，37，38，39

表4　适宜于大学训练的成功智力技能	
学科	课
语文	2，3，4，5，6，8，9，11，12，13，15，16，18，19，22，23，24，25，26，27，28，29，33，34，35，36，37，38，39
数学	1，2，3，4，5，6，8，9，10，11，12，14，15，16，17，18，19，21，22，23，24，25，26，27，28，29，30，31，32，33，34，35，36，37，38，39
科学	1，2，3，4，5，6，10，11，12，13，14，16，17，21，23，25，26，27，29，30，31，32，34，35，37，38，39
社会	1，2，4，5，6，8，9，10，12，13，14，15，16，18，19，21，22，23，24，25，26，27，28，29，30，31，32，33，34，35，36，37，38，39
外语	1，2，3，4，5，6，8，9，10，12，13，14，15，16，17，18，19，21，22，23，25，26，27，28，29，30，31，32，33，34，35，36，37，38，39
美术	2，3，8，9，10，11，12，14，16，21，23，24，29，30，31，32，33，34，35，36，37，38，39
音乐	3，4，5，6，9，10，12，14，15，16，17，18，21，22，23，25，26，27，28，31，32，33，34，35，36，37，38，39
体育	1，2，4，5，6，8，9，12，13，14，16，18，21，22，23，24，25，26，27，28，29，30，31，32，34，35，36，37，38，39

（注：书中的第7、20和40项技能属于和学科相关的综合训练，并不是单一的技能。所以在技能训练表1、表2、表3和表4中并没有单独列出）

参考文献

Introduction

- Grigorenko, E. L., Jarvin, L., & Sternberg, R. J. (2002). School-based tests of the triarchic theory of intelligence: Three settings, three samples, three syllabi. *Contemporary Educational Psychology, 27*, 167–208.
- Sternberg, R. J. (1997). *Successful intelligence*. New York: Plume.
- Sternberg, R. J. (1999). The theory of successful intelligence. *Review of General Psychology, 3*, 292–316.
- Sternberg, R. J. (2002). Raising the achievement of all students: Teaching for successful intelligence. *Educational Psychology Review, 14*, 383–393.
- Sternberg, R. J., Grigorenko, E. L., Ferrari, M., & Clinkenbeard, P. (1999). A triarchic analysis of an aptitude-treatment interaction. *European Journal of Psychological Assessment,15*(1), 1–11.
- Sternberg, R. J., Grigorenko, E. L., & Jarvin, L. (2001). Improving reading instruction: The triarchic model. *Educational Leadership, 58*(6), 48–52.
- Sternberg, R. J., Torff, B., & Grigorenko, E. L. (1998a). Teaching for successful intelligence raises school achievement. *Phi Delta Kappan, 79*(9), 667–669.

- Sternberg, R. J., Torff, B., & Grigorenko, E. L. (1998b). Teaching triarchically improves school achievement. *Journal of Educational Psychology, 90*(3), 1–11.

Chapter 1: What Is Successful Intelligence?

- Adams, M. J. (1990). *Beginning to read: Thinking and learning about print*. Cambridge: MIT Press.
- Binet, A., & Simon, T. (1916). *The development of intelligence in children*. Baltimore: Williams & Wilkins.
- Stanovich, K. E. (1999). Romance and reality. In Consortium on Reading Excellence (Ed.), *Reading research anthology: The why? of reading instruction* (pp. 24–25). Novato, CA: Arena Press.
- Sternberg, R. J., & Grigorenko, E. L. (1999). Myths in psychology and education regarding the gene-environment debate. *Teachers College Record, 100*, 536–553.
- Sternberg, R. J., & Spear-Swerling, L. (1996). *Teaching for thinking*. Washington, DC: American Psychological Association.
- Wechsler, D. (1939). *The measure of adult intelligence*. Baltimore: Williams & Wilkins.

Chapter 2: Examining the Theory of Successful Intelligence

- Binet, A., & Simon, T. (1916). *The development of intelligence in children*. Baltimore: Williams & Wilkins.
- Fraser, S. (Ed.). (1995). *The bell curve wars: Race, intelligence and the future of America*. New York: Basic Books.
- Hernnstein, R. J., & Murray, C. (1994). *The bell curve*. New York: Free Press.

- Jacoby, R., & Glauberman, N. (Eds.). (1995). *The bell curve debate*. New York: Time Books.
- Stephenson, L. S. (2001). Optimizing the benefits of anthelmintic treatment in children. *Paediatric Drugs, 3*, 495–508.
- Sternberg, R. J. (1995). *In search of the human mind*. Orlando, FL: Harcourt Brace College.
- Sternberg, R. J.(1998). *Love is a story*. New York: Oxford University Press.
- Sternberg, R. J., Ferrari, M., Clinkenbeard, P. R., & Grigorenko, E. L. (1996). Identification, instruction, and assessment of gifted children: A construct validation of a triarchic model. *Gifted Child Quarterly, 40*, 129–137.
- Sternberg, R. J., Grigorenko, E. L., Ferrari, M., & Clinkenbeard, P. (1999). A triarchic analysis of an aptitude-treatment interaction. *European Journal of Psychological Assessment, 15*, 1–11.
- Sternberg, R. J., Powell, C., McGrane, P. A., & Grantham-McGregor, S. (1997). Effects of a parasitic infection on cognitive functioning. *Journal of Experimental Psychology: Applied, 3*, 67–76.
- Sternberg, R. J., Torff, B., & Grigorenko, E. L. (1998a). Teaching for successful intelligence raises school achievement. *Phi Delta Kappan, 79*(9), 667–669.
- Sternberg, R. J., Torff, B., & Grigorenko, E. L. (1998b). Teaching triarchically improves school achievement. *Journal of Educational Psychology, 90*(3), 1–11.

Chapter 3: Successful Intelligence in Life and in School

- Carraher, T. N., Carraher, D., & Schliemann, A. D. (1985). Mathematics in the streets and in schools. *British Journal of Developmental Psychology, 3*, 21–29.

- Ceci, S. J., & Roazzi, A. (1994). The effects of context on cognition: Postcards from Brazil. In R. J. Sternberg & R. K. Wagner (Eds.), *Mind in context: Interactionist perspectives on human intelligence* (pp. 74–101). New York: Cambridge University Press.
- Cole, M., Gay, J., Glick, J., & Sharp, D. W. (1971). *The cultural context of learning and thinking*. New York: Basic Books.
- Lave, J. (1988). *Cognition in practice*. New York: Cambridge University Press.
- Nuñes, T. (1994). Street intelligence. In R. J. Sternberg (Ed.), *Encyclopedia of human intelligence* (Vol. 2, pp. 1045–1049). New York: Macmillan.
- Okagaki, L.,& Sternberg, R. J. (1993). Parental beliefs and children's school performance. *Child Development, 64*(1), 36–56.
- Rogoff, B. (1990). *Apprenticeship in thinking: Cognitive development in social context*. New York: Oxford University Press.
- Sennet, R. (1998). *The corrosion of character*. New York: Norton.
- Steele, C. M., & Aronson, J. (1995). Stereotype threats and the intellectual test performance of African Americans. *Journal of Personality and Social Psychology, 69*, 797–811.
- Sternberg, R. J. (2004). Culture and intelligence. *American Psychologist, 59*(5), 325–338.
- Sternberg, R. J., Forsythe, G. B., Hedlund, J., Horvath, J., Snook, S., Williams, W. M., et al. (2000). *Practical intelligence in everyday life*. New York: Cambridge University Press.
- Sternberg, R. J., & Grigorenko, E. L. (1997). The cognitive costs of physical and mental ill health: Applying the psychology of the developed world to the problems of the developing world. *Eye on Psi Chi, 2*(1), 20–27.
- Sternberg, R. J., Nokes, K., Geissler, P. W., Prince, R., Okatcha, F., Bundy, D. A., et al. (2001). The relationship between academic and

practical intelligence: A case study in Kenya. *Intelligence, 29*, 401–418.

Chapter 4: Teaching for Analytical Thinking

- Associated Press. (2007, February 23). *Pakistan successfully tests long-range nuclear-capable missile.* Retrieved February 26, 2007, from http://www.foxnews.com/story/0,2933,253918,00.html
- Sacks, O. (1985). *The man who mistook his wife for a hat and other clinical tales.* New York: Touchstone.
- Sternberg, R. J. (1977). *Intelligence, information processing, and analogical reasoning: The componential analysis of human abilities.* Hillsdale, NJ: Lawrence Erlbaum.
- Sternberg, R. J. (1979). The nature of mental abilities. *American Psychologist, 34*, 214–230.
- Sternberg, R. J. (1980a). The development of linear syllogistic reasoning. *Journal of Experimental Child Psychology, 29*, 340–356.
- Sternberg, R. J. (1980b). Representation and process in linear syllogistic reasoning. *Journal of Experimental Psychology: General, 109*, 119–159.
- Sternberg, R. J. (1981a). Intelligence and nonentrenchment. *Journal of Educational Psychology, 73*, 1–16.
- Sternberg, R. J. (1981b). Intelligence as thinking and learning skills. *Educational Leadership, 39*(1), 18–20.
- Sternberg, R. J. (1985). *Beyond IQ: A triarchic theory of human intelligence.* New York: Cambridge University Press.
- Sternberg, R. J. (1998). *Love is a story.* New York: Oxford University Press.
- Sternberg, R. J. (2006). *Cognitive psychology* (4th ed.). Forth Worth, TX: Harcourt Brace College.

- Sternberg, R. J., & Bhana, K. (1986). Synthesis of research on the effectiveness of intellectual skills programs: Snake-oil remedies or miracle cures? *Educational Leadership, 44*(2), 60–67.
- Wagner, R. K., & Sternberg, R. J. (1987). Executive control in reading comprehension. In B. K. Britton & S. M. Glynn (Eds.), *Executive control processes in reading* (pp. 1–21). Hillsdale, NJ: Lawrence Erlbaum.

Chapter 5: Teaching for Creative Thinking

- Amabile, T. M. (1996). *Creativity in context*. Boulder, CO: Westview.
- Dewey, J. (1933). *How we think*. Boston: Heath.
- Frensch, P. A., & Sternberg, R. J. (1989). Expertise and intelligent thinking: When is it worse to know better? In R. J. Sternberg (Ed.), *Advances in the psychology of human intelligence* (Vol. 5, pp. 157–158). Hillsdale, NJ: Lawrence Erlbaum.
- Garcia, J., & Koelling, R. A. (1966). The relation of cue to consequence in avoidance learning. *Psychonomic Science, 4*, 123–124.
- Gruber, H. E., & Davis, S. N. (1988). Inching our way up Mount Olympus: The evolving-systems approach to creative thinking. In R. J. Sternberg (Ed.), *The nature of creativity* (pp. 243–270). New York: Cambridge University Press.
- Lucas, V. [S. Plath]. (1963). *The bell jar*. London: Heinemann.
- Morrison, T. (1982). *Tar baby*. New York: Vintage Books.
- Schank, R. C. (1988). *The creative attitude*. New York: Macmillan.
- Sternberg, R. J. (1985). *Beyond IQ: A triarchic theory of human intelligence*. New York: Cambridge University Press.
- Sternberg, R. J. (1986). *Intelligence applied. Understanding and increasing your intellectual skills*. San Diego, CA: Harcourt Brace Jovanovich.

- Sternberg, R. J. (1997a). *Successful intelligence.* New York: Plume.
- Sternberg, R. J. (1997b). *Thinking styles.* New York: Cambridge University Press.
- Sternberg, R. J., Kaufman, J. A., & Grigorenko, E. L. (2007). *Intelligence applied* (2nd ed.). New York: Cambridge University Press.
- Sternberg, R. J., & Lubart, T. I. (1995a). *Defying the crowd: Cultivating creativity in a culture of conformity.* New York: Free Press.
- Sternberg, R. J., & Lubart, T. I. (1995b). Ten tips toward creativity in the workplace. In C. M. Ford & D. A. Gioia (Eds.), *Creative action in organizations: Ivory tower visions and real world voices* (pp. 173–180). Newbury Park, CA: Sage.
- Sternberg, R. J., & O'Hara, L. (1999). Creativity and intelligence. In R. J. Sternberg (Ed.), *Handbook of creativity* (pp. 251–272). New York: Cambridge University Press.
- Sternberg, R. J., & Williams, W. M. (1996). *How to develop student creativity.* Alexandria, VA: Association for Supervision and Curriculum Development.

Chapter 6: Teaching for Practical Thinking

- Amabile, T. M. (1996). *Creativity in context.* Boulder, CO: Westview.
- Csikszentmihalyi, M. (1988). Society, culture, and person: A systems view of creativity. In R. J. Sternberg (Ed.), *Nature of creativity* (pp. 325–339). New York: Cambridge University Press.
- Gardner, H. (1993). *Creating minds.* New York: Basic Books.
- Stenhouse, D. (1973). *The evolution of intelligence: A general theory and some of its implications.* New York: Harper & Row.
- Steptoe, A. (Ed.). (1998). *Genius and the mind.* New York: Oxford University Press.
- Sternberg, R. J. (1986). *Intelligence applied: Understanding and*

increasing your intellectual skills. San Diego, CA: Harcourt Brace Jovanovich.
- Sternberg, R. J. (1999). The theory of successful intelligence. *Review of General Psychology, 3*, 292–316.
- Sternberg, R. J., & Lubart, T. I. (1995). *Defying the crowd: Cultivating creativity in a culture of conformity*. New York: Free Press.
- Sternberg, R. J., & Spear-Swerling, L. (1996). *Teaching for thinking*. Washington, DC: American Psychological Association.
- Stevenson, H., & Stigler, J. (1994). *The learning gap*. New York: Simon & Schuster.
- Thurstone, L. L. (1924). *The nature of intelligence*. New York: Harcourt Brace.
- Winner, E. (1998). *Gifted children*. New York: Basic Books.

Chapter 7: Framing Triarchic Instruction and Assessment Units

- Farr, R. C., & Strickland, D. S. (1993). *Light up the sky*. Orlando, FL: Harcourt Brace Jovanovich.
- Grigorenko, E. L., Jarvin, L., & Sternberg, R. J. (2002). School-based tests of the triarchic theory of intelligence: Three settings, three samples, three syllabi. *Contemporary Educational Psychology, 27*, 167–208.
- Hunt, I. (1992). *The lottery rose*. Madison, WI: Turtleback.
- O'Hara, L. A., & Sternberg, R. J. (2000–2001). It doesn't hurt to ask: Effects of instructions to be creative, practical, or analytical on essay-writing performance and their interaction with students' thinking styles. *Creativity Research Journal, 13*(2), 197–210.
- Stemler, S. E., Elliott, J. G., Grigorenko, E. L., & Sternberg, R. J. (2006). There's more to teaching than instruction: Seven strategies for dealing

with the practical side of teaching. *Educational Studies, 32*(1), 101–118.
- Sternberg, R. J. (2002). Raising the achievement of all students: Teaching for successful intelligence. *Educational Psychology Review, 14*, 383–393.
- Sternberg, R. J. (2003). Teaching for successful intelligence: Principles, practices, and outcomes. *Educational and Child Psychology, 20*(2), 6–18.
- Sternberg, R. J. (2006). Successful intelligence: Toward a broader model for teaching and accountability. *Edge, 1*(5), 2–18.
- Sternberg, R. J., & Grigorenko, E. L. (2002). The theory of successful intelligence as a basis for instruction and assessment in higher education. In D. Halpern & M. Hakel (Eds.), *Applying the science of learning to university teaching and beyond: New directions for teaching and learning, No. 89*. San Francisco: JosseyBass.
- Sternberg, R. J., & Williams, W. M. (2001).Teaching for creativity: Two dozen tips. In R. D. Small & A. P Thomas (Eds.), *Plain talk about education* (pp. 153–165). Covington, LA: Center for Development and Learning.

Chapter 8: Putting It All together: A Comprehensive Illustration of Lessons for Teaching for Successful Intelligence

- Hansberry, L. (1994). *A raisin in the sun*. New York: Penguin.

索 引

（本索引页码为英文版页码）

- 一组综合能力 Abilities set, 4, 5-6
  - 确定能力模式偏好 ability profile screening, 143-145
  - 能力倾向 — 教学处理的交互作用 aptitude-treatment interaction, 15, 34
  - 特性评价 attribute valuation, 17-20, 28-29, 30-31, 33
  - 传统测验 conventional testing, 16-20, 28-29
  - 举例 examples of, 26-34
  - 一般智力因素 general factor of intelligence, 14-15
  - 目标与能力匹配 pursuit-ability matching, 99-100, 139
- 学业成就 Academic success, 3, 5-6, 16-17, 26-29
  - 参阅分析性智力、创造性智力、实践性智力、学生 See also Analytical thinking ability; Creative thinking ability; Practical thinking ability; Students
- 行动开始课 Action initiation lesson, 101-102
- 活动安排课 Activity scheduling lesson, 123-124
- 适应性能力 Adaptive ability, 4, 8-10, 31-33
- 补充提示课 Additional prompts lessons
  - 分析性思维技能发展 analytical thinking skill development, 53-55
  - 创造性思维技能发展 creative thinking skill development, 87-89
  - 实践性思维技能发展 practical thinking skill development, 131-133

- 模糊性管理课 Ambiguity management lesson, 75-76
- 分析假设课 Analysis of assumptions lesson, 63-64
- 分析性智力 Analytical thinking ability, xi, 4, 10, 59
  - 举例 examples of, 26-29
  - 研究 research on, 13-16
  - 价值 valuation of, 17, 28-29
  - 参阅创造性智力、实践性智力、成功智力、成功智力理论、分析性思维教学 See also Creative thinking ability; Practical thinking ability; Successful intelligence; Successful intelligence theory; Teaching for analytical thinking
- 学徒制教育 Apprenticeship training, 33
- 能力倾向 — 教学处理的交互作用 Aptitude-treatment interaction, 15, 34
- 阿伦森, J. Aronson, J., 33
- 文科教学 Art instruction
  - 分析性思维技能发展 analytical thinking skill development, 41, 43, 46, 48, 50, 52, 54
  - 创造性思维技能发展 creative thinking skill development, 62, 64, 66, 68, 70, 72, 74, 76, 78, 80, 82, 86, 88
  - 年级活动表 grade-level activities tables, 180-183
  - 实践性思维技能发展 practical thinking skill development, 94, 96, 98, 100, 102, 104, 106, 108, 110, 112, 114, 116, 118, 120, 122, 124, 126, 128, 130, 132
- 评价、评估 Assessment
  - 传统智力测验 conventional intelligence tests, 16, 28, 30, 33-34
  - 抵制 disassociation from, 33-34
  - 测试形式 modalities of testing, 14
  - 预测价值、预言价值 predictive value of, 14-15, 16-17, 30
  - 自我实现的预言 self-fulfilling prophecies, 20-22
  - 分类作业 sorting assignment, 29
  - 成功智力理论 successful intelligence theory, 13-16
  - 三元中级单元 triarchic intermediate-level unit, 176-177
  - 参阅封闭系统视角、三元教学/评估单元 See also Closed

system perspective; Triarchic instruction/assessment (TIA) units
- 假设质疑/分析课 Assumption questioning/analysis lesson, 63-64

- 平衡思维课 Balanced thinking skills lesson, 127-128
- 基础阅读程序 Basal reading program, 10-11
- 比奈, A. Binet, A., 8, 17
- 巴西街头儿童研究 Brazilian street children study, 31-32
- 邦迪, D. A. Bundy, D. A., 32

- 卡洛尔, D. Carraher, D., 31
- 卡洛尔, T. N. Carraher, T. N., 31
- 赛西, S. J. Ceci, S. J., 31
- 课堂应用 Classroom applications
  - 参阅分析性思维教学、创造性思维教学、实践性思维教学、三元中级单元 See Teaching for analytical thinking; Teaching for creative thinking; Teaching for practical thinking; Triarchic intermediate-level unit
- 封闭系统视角 Closed system perspective, 16
  - 特性评价, 选择标准 attribute valuation, selection criteria, 17-20, 30-31
  - 表现的环境因素 environmental factors in performance, 22-24
  - 消极影响 negative effects of, 16-17
  - 权力结构发展 power structure development, 19-20
  - 自我实现的预言 self-fulfilling prophecies, 20-22
- 科尔, M. Cole, M., 29
- 大学 College
  - 分析性思维技能发展 analytical thinking skill development, 41, 43-44, 46, 48, 50, 52, 53-55
  - 创造性思维技能发展 creative thinking skill development, 62, 64, 66, 68, 70, 72, 74, 75-78, 80, 82, 86
  - 年级活动表 grade-level activities table, 183
  - 实践性思维技能发展 practical thinking skill development, 94, 96, 98, 100-104, 106-108, 110-112, 114-116, 118, 120, 122, 124, 126, 128, 130
  - 参阅高中、初中、小学 See also High school; Intermediate

grades; Primary grades
- 承诺完成任务课 Commitment-to-task lesson, 107–108
- 常识 Common sense, 31
- 专注发展课 Concentration development lesson, 121–122
- 传统智力 Conventional intelligence, 4, 5, 13
  - 封闭系统视角 closed systems perspective, 16–24
  - 一般智力因素 general factor of intelligence, 14–15, 32–33
  - 预测价值,预言价值 predictive value of tests, 14–15, 20–22, 30
  - 参阅传统教学、成功智力理论 See also Conventional teaching; Successful intelligence theory
- 传统教学 Conventional teaching, xi
  - 能力倾向—教学处理的交互作用 aptitude-treatment interaction, 15, 34
  - 封闭系统视角 closed systems perspective, 16–24
  - 创造性学生 creative students, 30–31
  - 成功智力 successful intelligence, 13–16
  - 西式学校教育 Western-style schooling, 33–34
  - 参阅封闭系统视角、成功智力理论、教学 See also Closed system perspective; Successful intelligence theory; Teaching
- 创造性智力 Creative thinking ability, xi, 4, 9, 10, 59
  - 能力倾向—教学处理的交互作用 aptitude-treatment interaction, 15
  - 传统测验 conventional testing, 17, 30
  - 创造性态度 creative attitude, 59
  - 举例 example of, 29–31
  - 成熟的思考过程 mature thinking processes, 27–28
  - 研究 research on, 13–16
  - 教学方法 teaching approaches, 28
  - 参阅分析性智力、实践性智力、成功智力、成功智力理论、创造性思维教学 See also Analytical thinking ability; Practical thinking ability; Successful intelligence; Successful intelligence theory; Teaching for creative thinking
- 创造力示范课 Creativity modeling lesson, 83–86

- 批判性思维 Critical thinking, xi, 15, 59
- 契克森米哈, M. Csikszentmihalyi, M., 99

- 延迟满足课 Delayed gratification lesson, 81–82
- 杜威, J. Dewey, J., 64

- 小学 Elementary school
  - 参阅小学 See Primary grades
  - 关注最终成果课 End-product focus lesson, 103–104
- 环境 Environmental context, 4, 8–10
  - 人对环境的适应 person-environment fit, 99
  - 实践性智力、适应性 practical intelligence, adaptation, 31–33
  - 学生成绩 student performance, 22–24
  - 参阅社会文化情境/社会文化背景 See also Sociocultural context
- 解决方案评估课 Evaluation of solutions lesson, 51–52
- 教师专业综合培训项目 Expert Learning for All Through Teacher Education (ELATE) program, 140

- 外语教学 Foreign language instruction
  - 分析性思维技能发展 analytical thinking skill development, 41, 43, 46, 48, 50, 52, 54
  - 创造性思维技能发展 creative thinking skill development, 62, 64, 66, 68, 70, 72, 74, 76, 78, 80, 82, 86, 88
  - 年级活动表 grade-level activities tables, 180–183
  - 实践性思维技能发展 practical thinking skill development, 94, 96, 98, 100, 102, 104, 106, 108, 110, 112, 114, 116, 118, 120, 122, 124, 126, 128, 130, 132
  - 参阅语文 See also Language arts
- 弗伦施, P. A. Frensch, P. A., 87
- 功能分类思维 Functional thinking, 29

- 加德纳, H. Gardner, H., 99
- 盖伊, J. Gay, J., 29
- 盖斯勒, P. W. Geissler, P. W., 32
- 一般智力因素 General factor of intelligence, 14–15, 32–33
- 创意萌发 Generation of ideas,

- 67-68
- 格里克, J. Glick, J., 29
- 美国研究生入学考试 Graduate Record Examination (GRE), 17
- 格兰特汉姆—麦克格瑞格, S. Grantham-McGregor, S., 19
- 延迟满足课 Gratification delay lesson, 81-82
- 格里戈连科, E. L. Grigorenko, E. L., 15, 24, 32

- 汉斯伯瑞, L. Hansberry, L., 165, 166
- 赫伦斯坦, R. J. Herrnstein, R. J., 16, 17
- 高中 High school
  - 分析性思维技能发展 analytical thinking skill development, 41, 43-44, 46, 48, 50, 52, 53-55
  - 创造性思维技能发展 creative thinking skill development, 62, 64, 65-66, 68, 70, 72, 74, 75-78, 80, 82, 86
  - 年级活动表 grade-level activities table, 182
  - 实践性思维技能发展 practical thinking skill development, 94, 96, 98, 100-108, 110-112, 114-116, 118, 120, 122, 124, 126, 128, 130
  - 参阅大学、初中、小学 See also College; Intermediate grades; Primary grades
- 家庭作业 Homework assignments, 153-154, 174-176

- 创意萌发 Idea generation, 58, 67-68
- 实施 Implementation
  - 参阅三元教学/评估单元 See Triarchic instruction/assessment (TIA) units
- 冲动控制课 Impulse control lesson, 95-96
- 自强自立课 Independence development lesson, 117-118
- 表征/组织信息课 Information representation/organization lesson, 45-46
- 教学实践 Instructional practice
  - 参阅分析性思维教学、创造性思维教学、实践性思维教学、三元教学/评估单元、三元中级单元 See Teaching for analytical thinking; Teaching for creative thinking; Teaching for practical thinking; Triarchic instruction/

assessment (TIA) units; Triarchic intermediate-level unit
- 智力 Intelligence
  - 适应性能力 adaptive ability, 4, 8-10, 31-33
  - 班级结构 class structure, 16-17
  - 封闭系统视角 closed systems perspective, 16-24
  - 传统智力观念 conventional notions of, 16
  - 一般智力因素 general factor of, 14-15, 32-33
  - 无形的自然之手 invisible hand of nature, 16-17
  - 参阅分析性智力、封闭系统视角、创造性智力、实践性智力、成功智力、成功智力理论 See also Analytical thinking ability; Closed system perspective; Creative thinking ability; Practical thinking ability; Successful intelligence; Successful intelligence theory
- 初中 Intermediate grades
  - 分析性思维技能发展 analytical thinking skill development, 41, 43-44, 46, 48, 50, 52, 53-55
  - 创造性思维技能发展 creative thinking skill development, 62, 64, 65-66, 68, 70, 72, 74, 75-78, 80, 82, 86
  - 年级活动表 grade-level activities table, 181
  - 实践性思维技能发展 practical thinking skill development, 94, 96, 98, 100, 102-108, 110-112, 114-116, 118, 120, 122, 124, 126, 128, 130
  - 参阅大学、高中、小学、三元中级单元 See also College; High school; Primary grades; Triarchic intermediate-level unit
- 创造力投资理论 Investment theory of creativity, 57-58, 59
- 无形的自然之手 Invisible hand of nature, 16-17

- 知识 Knowledge
  - 事实性知识 factual knowledge, xi
  - 两个方面 two faces of, 69-70
  - 参阅智力、成功智力 See also Intelligence; Successful intelligence
- 科派利部落研究 Kpelle tribe research, 29

255

- 职业市场、劳动力市场 Labor market, 25-26, 28, 31
- 语文教学 Language arts instruction
  - 分析性思维技能发展 analytical thinking skill development, 41, 43, 46, 48, 50, 52, 53
  - 创造性思维技能发展 creative thinking skill development, 62, 64, 65, 68, 70, 72, 74, 75, 77, 80, 82, 86, 87
  - 年级活动表 grade-level activities tables, 180-183
  - 实践性思维技能发展 practical thinking skill development, 94, 96, 98, 100, 101, 103, 105, 107, 110, 111, 114, 115, 118, 120, 122, 124, 126, 128, 130, 131
  - 参阅外语 See also Foreign languages
- 学习共同体 Learning communities, 143
- "立法式"思维 Legislative thinking, 67
- 生活体验 Life experience, 25-26, 28, 31-32
- 陆伯特, T. I. Lubart, T. I., 57, 58, 87, 99

- 材料选择 Materials selection, 138-139, 141
- 数学 Mathematics instruction
  - 分析性思维技能发展 analytical thinking skill development, 41, 43, 46, 48, 50, 52, 53
  - 创造性思维技能发展 creative thinking skill development, 62, 64, 65, 68, 70, 72, 74, 75, 77, 80, 82, 86, 87-88
  - 年级活动表 grade-level activities tables, 180-183
  - 实践性思维技能发展 practical thinking skill development, 94, 96, 98, 100, 102, 103, 106, 107, 110, 111, 114, 115, 118, 120, 122, 124, 126, 128, 130, 131
- 麦格雷恩, P. A. McGrane, P. A., 19
- 记忆 Memory, xi, 13, 15, 17
- 中学 Middle school
  - 参阅初中 See Intermediate grades
- 创造力示范课 Modeling creativity lesson, 83-86
- 监控问题解决的策略课 Monitoring solutioning strategies lesson, 49-50
- 学习动机增强 Motivation

- enhancement, 140
- 能动性激发课 Motivation lesson, 93-94
- 默里, C. Murray, C., 16, 17
- 音乐教学 Music instruction
  - 分析性思维技能发展 analytical thinking skill development, 41, 46, 48, 50, 52, 54, 434
  - 创造性思维技能发展 creative thinking skill development, 62, 64, 66, 68, 70, 72, 74, 76, 78, 80, 82, 86, 89
  - 年级活动表 grade-level activities tables, 180-183
  - 实践性思维技能发展 practical thinking skill development, 94, 96, 98, 100, 102, 104, 106, 108, 110, 112, 114, 116, 118, 120, 122, 124, 126, 128, 130, 132-133
- 诺克斯, K. Nokes, K., 32
- 努涅斯, T. Nunes, T., 31

- 障碍管理课 Obstacle management lesson, 71-72
- 奥卡伽珂, L. Okagaki, L., 34
- 奥卡查, F. Okatcha, F., 32
- 关注结果课 Outcomes-focus lesson, 103-104

- 成绩预测 Performance prediction, 14-15, 16-20, 30
- 毅力/坚持课 Perseverance/ perseveration lesson, 97-98
- 人对环境的适应 Person-environment fit, 99
- 个人困难管理课 Personal problem management lesson, 119-120
- 语音教学 Phonics instruction, 10-11
- 体育教学 Physical education instruction
  - 分析性思维技能发展 analytical thinking skill development, 41, 44, 46, 48, 50, 52, 55
  - 创造性思维技能发展 creative thinking skill development, 62, 64, 66, 68, 70, 72, 74, 76, 78, 80, 82, 86, 89
  - 年级活动表 grade-level activities tables, 180-183
  - 实践性思维技能发展 practical thinking skill development, 94, 96, 98, 100, 102, 104, 106, 108, 110, 112, 114, 116, 118, 120, 122, 124, 126, 128, 130, 133
- 鲍威尔, C. Powell, C., 19
- 权力结构发展 Power structure development, 19-20

| 成功智力教学

- 实践性智力 Practical thinking ability, xi, 4, 5-6, 10, 59
  - 适应性能力 adaptive ability, 31-32
  - 学徒制教育 apprenticeship training, 33
  - 能力倾向 — 教学处理的交互作用 aptitude-treatment interaction, 15
  - 传统测验 conventional testing, 17
  - 举例 examples of, 31-33
  - 一般智力因素 general factor of intelligence, 31-32
  - 研究 research on, 13-16
  - 语言能力/成绩 verbal ability/achievement, 32-33
  - 参阅分析性智力、创造性智力、成功智力、成功智力理论、实践性思维教学 *See also* Analytical thinking ability; Creative thinking ability; Successful intelligence; Successful intelligence theory; Teaching for practical thinking
- 测试的预测有效性 Predictive validity of tests, 14-15, 16-20
  - 创造者 creative thinkers, 30
  - 自我实现的预言 self-fulfilling prophecies and, 20-22

- 小学 Primary grades
  - 分析性思维技能发展 analytical thinking skill development, 41, 43-44, 46, 48, 50, 52, 53-55
  - 创造性思维技能发展 creative thinking skill development, 62, 64, 65-66, 68, 70, 72, 74, 75-76, 78, 80, 82, 86
  - 年级活动表 grade-level activities table, 180
  - 实践性思维技能发展 practical thinking skill development, 94, 96, 98, 100, 102, 103-104, 106-108, 110-112, 114-116, 118, 120, 122, 124, 126, 128, 130
  - 参阅大学、高中、初中 *See also* College; High school; Intermediate grades
- 普林斯, R. Prince, R., 32
- 确定重点课 Priority-setting lesson, 125-126
- 确定问题课 Problem identification lesson, 39-41
- 重新界定问题课 Problem redefinition lesson, 61-62
- 问题解决 Problem solving, 37-38
  - 分析性思维建议 analytical thinking prompts, 53-55
  - 问题确定 identification of the

- problem, 39–41
  - ◆ 表征/组织信息 information representation/organization, 45–46
  - ◆ 策略监控 monitoring of strategies, 49–50
  - ◆ 资源配置 resource allocation, 42–44
  - ◆ 解决方案评估 solution evaluation, 51–52
  - ◆ 策略制定 strategy formulation, 47–48
- 避免拖延课 Procrastination avoidance lesson, 111–112
- 提示 Prompts
  - ◆ 参阅补充提示课 *See* Additional prompts lessons
- 目标与能力匹配课 Pursuit-ability matching lesson, 99–100

- 质疑假设课 Questioning assumptions lesson, 63–64

- 阅读教学 Reading instruction, 10–11
- 真实生活体验 Real life experience, 25–26, 28, 31–32
- 重新界定问题课 Redefinition of a problem lesson, 61–62
- 基于研究的理论 Research-based theory, xi
  - ◆ 参阅成功智力理论 *See also* Successful intelligence theory
- 资源配置课 Resource allocation lesson, 42–44
- 责任承担课 Responsibility acceptance lesson, 113–114
- 风险管理课 Risk management lesson, 73–74
- 风险承担课 Risk-taking lesson, 109–110
- 罗阿齐, A. Roazzi, A., 31
- 罗格夫, B. Rogoff, B., 33

- 安排活动课 Scheduling activities lesson, 123–124
- 施里曼, A. D. Schliemann, A. D., 31
- 科学教学 Science instruction
  - ◆ 分析性思维技能发展 analytical thinking skill development, 41, 43, 46, 48, 50, 52, 53
  - ◆ 创造性思维技能发展 creative thinking skill development, 62, 64, 66, 68, 70, 72, 74, 75, 78, 80, 82, 86, 88
  - ◆ 年级活动表 grade-level

activities tables, 180-183
- ◆ 实践性思维技能发展 practical thinking skill development, 94, 96, 98, 100, 102, 104, 106, 107, 110, 111, 114, 115, 118, 120, 122, 124, 126, 128, 130, 131-132
- 环境选择 Selection of environments, 4, 9-10
- 增强自信课 Self-confidence development lesson, 129-130
- 自我效能提升课 Self-efficacy development lesson, 77-78
- 自我实现的预言 Self-fulfilling prophecies, 20-22
- 不过度自怨自艾课 Self-pity management lesson, 115-116
- 兜售创意、推销创造性思想 Selling creative ideas, 65-66
- 创设环境 Shaping of environments, 4, 9-10
- 夏普, D. W. Sharp, D. W., 29
- 西蒙, T. Simon, T., 8, 17
- 技能发展 Skill development
  - ◆ 参阅分析性思维教学、创造性思维教学、实践性思维教学 See Teaching for analytical thinking; Teaching for creative thinking; Teaching for practical thinking
- 社会科学 Social studies
  - ◆ 分析性思维技能发展 analytical thinking skill development, 41, 43, 46, 48, 50, 52, 54
  - ◆ 创造性思维技能发展 creative thinking skill development, 62, 64, 66, 68, 70, 72, 74, 76, 78, 80, 82, 86, 88
  - ◆ 年级活动表 grade-level activities tables, 180-183
  - ◆ 实践性思维技能发展 practical thinking skill development, 94, 96, 98, 100, 102, 104, 106, 107, 110, 112, 114, 116, 118, 120, 122, 124, 126, 128, 130, 132
- 社会文化情境 / 社会文化背景 Sociocultural context, 4, 6-7, 15
  - ◆ 特性评价 attribute valuation, 18-20, 29, 31-33, 34
  - ◆ 智力,班级结构 intelligence, class structure, 16-17
  - ◆ 实践性智力,言语敏锐度 practical intelligence, verbal acuity, 32-33
  - ◆ 学生成绩 / 学生表现,环境因素 student performance, environmental factors, 22-24
  - ◆ 西式学校教育 Western-style schooling, 33-34

- 解决方案评估课 Solution evaluation lesson, 51-52
- 斯皮尔 — 斯威林, L. Spear-Swerling, L., 10, 91
- 斯蒂尔, C. M. Steele, C. M., 33
- 斯登豪斯, D. Stenhouse, D., 95
- 斯腾伯格, R. J. Sternberg, R. J., xi, 10, 15, 19, 32, 34, 42, 49, 57, 58, 87, 91, 99
- 策略制定课 Strategy formulation lesson, 47-48
- 个人优势 Strengths of individuals, 4, 7-8, 139-140
- 学生 Students
  - 分析者 analytical thinkers, 26-29
  - 能力倾向 — 教学处理的交互作用 aptitude-treatment interaction, 15
  - 创造者 creative thinkers, 29-31
  - 平等的成功机会 equal opportunity to succeed, 19
  - 功能分类思维对分类学分类思维 functional vs. taxonomic thinking, 29
  - 成绩/表现,预测 performance, prediction of, 14-15, 16-20
  - 实践者 practical thinkers, 31-34
  - 生本学习 student-centered learning, xi, 15
  - 西式学校教育 Western-style schooling, 33-34
  - 参阅封闭系统视角、成功智力、成功智力理论、教学 See also Closed system perspective; Successful intelligence; Successful intelligence theory; Teaching
- 成功智力 Successful intelligence
  - 一组综合能力 abilities set for, 4, 5-6, 10
  - 定义 definition of, 4, 5
  - 环境 environmental context, 4, 8-10
  - 举例 examples of, 3, 10-12
  - 生活应用 real life applications of, 25-26, 28, 31-32
  - 学校环境应用 school-setting applications of, 26-34
  - 社会文化情境/社会文化背景 sociocultural context, 4, 6-7
  - 个人优势 strengths of individuals, 4, 7-8
  - 个人弱点 weaknesses of individuals, 4, 8
  - 参阅分析性智力、创造性智力、智力、实践性智力、学生、成功智力理论、三元教学/评估单元 See also Analytical thinking

ability; Creative thinking ability; Intelligence; Practical thinking ability; Students; Successful intelligence theory; Triarchic instructional/assessment (TIA) units
- 成功智力理论 Successful intelligence theory, xi
  - 能力倾向 — 教学处理的交互作用 aptitude-treatment interaction, 15
  - 封闭系统视角 closed systems perspective, 16-24
  - 成绩，预测 performance, prediction of, 14-15
  - 研究 research on, 13-16
  - 参阅成功智力 See also Successful intelligence

- 完成任务课 Task completion lesson, 105-106
- 分类学思维 Taxonomic thinking, 29
- 教学 Teaching
  - 能力倾向 — 教学处理的交互作用 aptitude-treatment interaction, 15
  - 传统教学 conventional teaching, xi, 13, 16-24, 30-31,

33-34
- 创造性方法 creative approach to, 28
- 社会文化情境/社会文化背景 sociocultural contexts, 6-7
- 成功智力 successful intelligence, 10-11, 13-16
- 参阅分析性智力、封闭系统视角、创造性智力、实践性智力、学生、成功智力理论、分析性思维教学、创造性思维教学、实践性思维教学 See also Analytical thinking ability; Closed system perspective; Creative thinking ability; Practical thinking ability; Students; Successful intelligence theory; Teaching for analytical thinking; Teaching for creative thinking; Teaching for practical thinking

- 分析性思维教学 Teaching for analytical thinking, 37
  - 课堂应用 classroom applications, 40-41, 43-44, 46, 48, 49-50, 52
  - 表征/组织信息技能 information representation/organization skills, 45-46
  - 监控问题解决的策略 monitoring problem solving strategies,

- 49-50
  - 确定问题的技能 problem identification skills, 39-41
  - 问题解决循环圈 problem solving cycle, 37-38
  - 对于分析的建议 prompts for analysis, 39, 42, 45, 47, 49, 51, 53-55
  - 生活应用 real life applications, 39-40, 43, 45-46, 47-48, 49, 51
  - 资源配置技能 resource allocation skills, 42-44
  - 解决方案评估技能 solution evaluation skills, 51-52
  - 策略制定技能 strategy formulation skills, 47-48
  - 参阅教学、创造性思维教学、实践性思维教学、三元教学/评估单元、三元中级单元 *See also* Teaching; Teaching for creative thinking; Teaching for practical thinking; Triarchic instruction/assessment (TIA) units; Triarchic intermediate-level unit
- 创造性思维教学 Teaching for creative thinking, 57
  - 模糊性, 容忍 ambiguity, tolerance of, 75-76
  - 分析性/创造性/实践性思维, 平衡 analytical/creative/practical thinking, balance of, 59-60
  - 假设, 质疑/分析 assumptions, questioning/analysis of, 63-64
  - 课堂应用 classroom applications, 61-68, 70-89
  - 创造示范 creativity modeling, 83-86
  - 满足, 延迟 gratification, delay of, 81-82
  - 创意萌发 idea generation, 67-68
  - 创造力投资理论 investment theory of creativity, 57-58, 59
  - 知识, 辩证地看待 knowledge, recognizing two faces of, 69-70
  - 障碍, 确定/管理 obstacles, identification/management of, 71-72
  - 对于分析的建议 prompts for analysis, 61, 63, 65, 67, 71, 73, 75, 77, 79, 81, 83, 87-89
  - 生活应用 real life applications, 61, 63, 65, 67, 69, 71, 73, 75, 77, 79, 81, 83
  - 重新界定问题 redefinition of a problem, 61-62
  - 风险管理 risk management,

73-74
- 自我效能提升 self-efficacy development, 77-78
- 兜售创意、推销创造性思想 selling creative ideas, 65-66
- 识别真正的兴趣 true interest recognition, 79-80
- 参阅教学、分析性思维教学、实践性思维教学、三元教学/评估单元、三元中级单元 See also Teaching; Teaching for analytical thinking; Teaching for practical thinking; Triarchic instruction/assessment (TIA) units; Triarchic intermediate-level unit

- 实践性思维教学 Teaching for practical thinking, 91-92
  - 行动开始 action initiation, 101-102
  - 活动安排 activities scheduling, 123-124
  - 平衡思维 balanced thinking skills, 127-128
  - 课堂应用 classroom applications, 94-96, 98-133
  - 承诺完成任务 commitment-to-task, 107-108
  - 专注，发展 concentration, development of, 121-122
  - 冲动控制 impulse control, 95-96
  - 自强自立，发展 independence, development of, 117-118
  - 动机 motivation, 93-94
  - 注重结果/成品 outcomes/end product focus, 103-104
  - 毅力对坚持 perseverance vs. perseveration, 97-98
  - 个人困难，管理 personal problems, management of, 119-120
  - 确定重点 priority setting, 125-126
  - 拖延，避免 procrastination, avoidance of, 111-112
  - 对于分析的建议 prompts for analysis, 93, 95, 97, 99, 101, 103, 105, 107, 109, 111, 113, 115, 117, 119, 121, 123, 125, 127, 129, 131, 131-133
  - 目标与能力匹配 pursuit-ability matching, 99-100
  - 生活应用 real life applications, 93, 95, 97-98, 99, 101, 103, 105, 107, 109, 111, 113, 115, 117, 119, 121, 123, 125, 127, 129
  - 承担责任，任务 responsibility, assignment/acceptance of,

113-114
  - 风险承担 risk-taking, 109-110
  - 自信，增强 self-confidence, development of, 129-130
  - 自怨自艾，管理 self-pity, management of, 115-116
  - 完成任务 task completion, 105-106
  - 参阅教学、分析性思维教学、创造性思维教学、三元教学/评估单元、三元中级单元 *See also* Teaching; Teaching for analytical thinking; Teaching for creative thinking; Triarchic instruction/assessment (TIA) units; Triarchic intermediate-level unit
- 测试 Testing
  - 参阅评估、评价 *See* Assessment
- 智力 Thinking abilities
  - 参阅分析性智力、创造性智力、实践性智力、成功智力、成功智力理论 *See* Analytical thinking ability; Creative thinking ability; Practical thinking ability; Successful intelligence; Successful intelligence theory
- 瑟斯顿，L. L. Thurstone, L. L., 95
- 三元教学/评估 TIA
  - 参阅三元教学/评估单元、三元中级单元 *See* Triarchic instruction/assessment (TIA) units; Triarchic intermediate-level unit
- 托夫，B. Torff, B., 15
- 三元教学/评估单元 Triarchic instruction/assessment (TIA) units, 137
  - 确定能力模式偏好 ability profile screening, 143-145
  - 活动排序 activities sequencing, 154-155
  - 选择评价手段/评价设计 assessment design, 155-161
  - 课堂环境 classroom setting, 146
  - 成分 components of, 138-140
  - 教学内容选择 content selection, 148-149
  - 知识掌握与技能学习的平衡 content-skill learning balance, 141
  - 设计过程 design process for, 147-161
  - 家庭作业指导材料 homework instructional materials, 153-154
  - 实施 implementation of, 161-163
  - 课堂运用指导材料 in-class

- instructional materials, 152–153
- 学习路径, 选择 learning channels, selection of, 150–154
- 学习共同体的基本特征 learning community characteristics, 143
- 课程结构 lesson structure, 150
- 材料选择 materials selection, 138–139, 141, 152–154
- 学习动机增强 motivation enhancement, 140
- 多重能力, 参与 multiple abilities, engagement of, 139
- 教学目标, 确定 objectives, determination of, 149
- 学习结果最优化 outcome maximization, 141
- 前三元教学/评估活动 pre-triarchic instruction/assessment activities, 142–147
- 目标 purpose of, 137–138
- 对于实施的反思 reflection on implementation, 162–163
- 优势/弱点, 考虑 strengths/weaknesses, consideration of, 139–140
- 单元框架 structure of units, 141–142
- 持续开展 sustained implementation of, 146–147
- 教学方法 teaching approaches, 140–141
- 参阅三元中级单元 See also Triarchic intermediate-level unit, 165

三元中级单元 Triarchic intermediate-level unit
- 分析性技能课 analytical skills lesson, 170–171
- 评价 assessment for, 176–177
- 创造性应用课 creative applications lesson, 173–174
- 家庭作业 homework assignments, 174–176
- 背景介绍/导论课 introductory lesson, 166–169
- 实践性应用课 practical applications lesson, 171–172
- 参阅三元教学/评估单元 See also Triarchic instruction/assessment (TIA) units

识别真正的兴趣课 True interest recognition lesson, 79–80

大学生 University students
- 参阅大学 See College

- 瓦格纳, R. K. Wagner, R. K., 42
- 个人弱点 Weaknesses of individuals, 4, 8, 139–140
- 韦克斯勒, D. Wechsler, D., 8
- 西式学校教育 Western-style schooling, 33–34
- 整体语言方法 Whole-language approach, 10–11
- 威廉姆斯, W. M. Williams, W. M., 87
- 韦纳, E. Winner, E., 93
- 工作生涯 Work life, 25–26, 28, 31, 33
- 世界卫生组织 World Health Organization (WHO), 23

译后记

罗伯特·J. 斯腾伯格是当代国际杰出的心理学家，他的研究领域包括了智力和成功智力理论、天才和智慧理论、创造力和创造力投资理论、思维风格理论以及爱情理论等，许多理论是同改进学校教育实践直接挂钩的。

斯腾伯格认为，智力是最难理解的概念之一，也很少有其他概念像智力那样要用这么多不同的方式加以定义。传统的智力（IQ）测验以及在美国广为使用的一些标准化测验所能测量的只是内涵宽广、结构复杂的智力的极小一部分，也是非常不重要的一部分。斯腾伯格将之称为"呆滞的智力"，它只能对学生的学业成绩和分数做部分预测，而与现实生活中的成败关系甚微。

斯腾伯格本人在少年时代就是一名测验焦虑者，他的孩子也是一样，所以他对传统智力测验易引起受测者的测验焦虑尤其不满。由于短短几小时的测验分数往往比数年的学习成绩对一个人的未来命运具有更大的决定作用，因而测验时出现紧张状况几乎是普遍存在的现象。少数人也许会因紧张而产生较好的结果，但多数情况却并非如此，测验焦虑与低智力分数往往会导致恶性循环，致使一次性的焦虑甚至演变为永久性的测验焦虑。因此，在这种情况下所得到的测验结果很难说能真实反映受测者的智力状况。

Teaching for Successful Intelligence:
To Increase Student Learning
and Achievement

成功智力教学

传统智力测验的所有不足归根结底反映了它们理论基础的薄弱和缺失。由此，1985年，斯腾伯格在美国耶鲁大学心理学任教期间提出了智力的三元理论(triarchic theory of intelligence)，认为智力包括成分智力、经验智力和情境智力。

然而，斯腾伯格认为三元智力仍不足以解释现实社会中的人类智力，因此，1997年，他在三元智力理论的基础上提出更具实用和现实取向的"成功智力理论"(theory of successful intelligence)。在这个理论中，他强调必须超越"智商"，趋向"成功智力"，清楚指明了智力不应仅仅关涉学业，而应指向真实世界的成功。

在他看来，成功智力是个人获得成功所必需的一组能力，包括分析性智力、创造性智力和实践性智力三个关键方面。在人的一生中，为了取得成功，人们需要掌握事业所必需的所有技能。成功是通过分析、创造和实践三方面智力的平衡获得的，其中分析性智力是进行分析、评价、判断、比较和对照的能力，也是传统智力测验测量的能力，创造性智力是面对新任务、新情境产生新观念的能力，也是人进行创造、发明或发现时所需要的能力，实践性智力是人进行实践时应用所学知识的能力，也就是把经验应用于适应、塑造和选择环境的能力。然而许多教育计划似乎目标只在于培养学习者智力的一个方面——分析性智力，而很少甚至没有注意到对人生的成功起决定性作用的恰恰是另外两个重要的方面——创造性智力和实践性智力。

斯腾伯格认为成功智力是一个有机的整体："只有在分析、创造和实践能力三方面协调、平衡时才最为有效。知道什么时候以何种方式来运用成功智力的三个方面，要比仅仅具有这三个方面的素质来得更为重要。因此，具有成功智力的人不仅具备这些能力，而且还会思考在什么时候、以何种方式来有效地运用这些能力。"

斯腾伯格认为智力可以通过系统的教育和培训而获得，只要学校在开设的相应课程中运用成功智力理论，就可以提高学生的分析能力、创造能力和实践能力。为了实践成功智力的教学构想，他亲自做了很多实验，验证了成功智力是可以培养的。在教学中，斯腾伯格积累了很多进行成功智力教学的案例。这本书将这些课堂实例详细地呈现出来，为广大教师在课堂中实践成功智力教学提供参考和指导。

当前我国正在推行发展学生核心素养的改革实践。斯腾伯格是一位理论大家，当然首先关注的是理论创新，但同时他也是一位应用行家，时刻关注着学校的实践改革。本书是斯腾伯格面向若干学校教育改革实践写作的一本好书。参加本书写作的另一位作者埃琳娜·L.格里戈连科是斯腾伯格的学生，同时也是国际著名的教育心理学家。两位专家联手精心推出的《成功智力教学》不仅为我们打开了理解智力的大门，同时也为我们在"课内外和线内外"实施成功智力教学提供了启示。本书显然不是一本讲智力测验和智商高低的书。我们认为，与其热衷于测智商，还不如让教师、校长、家长和孩子自己读一读这一本《成功智力教学》。开卷大有益，天地无限宽。我们衷心希望读者能够通过这本书领悟面向21世纪社会发展和立足生存需要的能力和素养究竟有哪些，在学校教育中努力培育成功智力。

本书由盛群力先行翻译出全书梗概，再由丁旭翻译全书。衷心感谢作者欣然同意为中文版写序！衷心感谢宁波出版社将本书列入"新班级教学译丛"，感谢宁波出版社编辑陈静女士、张利萍女士的倾力协助！恳切希望读者对本书翻译中可能出现的疏漏予以批评指正！

丁旭　盛群力

2017年1月15日

图书在版编目（CIP）数据

成功智力教学：提高学生学习效能与成绩：第二版 /（美）罗伯特·J. 斯腾伯格，（美）埃琳娜·L. 格里戈连科著；丁旭，盛群力译. —宁波：宁波出版社，2017.10（2022.6重印）
（新班级教学译丛）
ISBN 978-7-5526-2947-7

Ⅰ. ①成… Ⅱ. ①罗… ②埃… ③丁… ④盛…
Ⅲ. ①教学法—中小学 Ⅳ. ① G632.4

中国版本图书馆 CIP 数据核字（2017）第 148472 号

Chinese simplified translation from the English language edition:
Teaching for Successful Intelligence: To Increase Student Learning and Achievement (2nd Edition)
by Robert J. Sternberg, Elena L. Grigorenko
Copyright © 2007 Robert J. Sternberg, Elena L. Grigorenko
This work is published by Corwin Press, Inc. (wholly owned by SAGE Publications, Inc. in United States)

本书简体中文版由 Corwin Press, Inc. (wholly owned by SAGE Publications, Inc. in United States) 授权宁波出版社独家翻译出版。未经宁波出版社书面许可，不得以任何方式复制或抄袭本书内容。
版权所有，侵权必究
版权合同登记号：图字：11-2017-159 号

成功智力教学：提高学生学习效能与成绩（第二版）
CHENGGONG ZHILI JIAOXUE: TIGAO XUESHENG XUEXI XIAONENG YU CHENGJI (DI ER BAN)
（美）罗伯特·J. 斯腾伯格，（美）埃琳娜·L. 格里戈连科 著；丁旭，盛群力 译

出版发行	宁波出版社
	（宁波市甬江大道1号宁波书城8号楼6楼　315040）
策划编辑	陈　静
责任编辑	陈　静　张利萍
责任校对	王　丹
装帧设计	Add1design
印　　刷	宁波白云印刷有限公司
开　　本	710mm×1000mm　1/16
印　　张	17.75
字　　数	230 千
版次印次	2017 年 10 月第 1 版　2022 年 6 月第 3 次印刷
标准书号	ISBN 978-7-5526-2947-7
定　　价	45.00 元